Hacking Teacher Burnout

Amber Harper

教師の生き方、今こそチェック！

あなたが変われば学校が変わる

アンバー・ハーパー
飯村寧史・吉田新一郎訳

新評論

プロローグ――近年の情勢から

本書は、新型コロナのパンデミックが発生する以前に書かれたものです。しかしながら、世界的な情勢の変化によって、本書で扱うテーマはより切実なものとなりました。「プロローグ」と「エピローグ」に描かれている内容は、まさに現在進行している教師の「心の疲れ」(1)や「閉塞感」などの状態に新型コロナ・パンデミックが重なった状況で書かれたものとなっています。

ヴァル先生の教師生活は一五年になります。浮き沈みはありましたが(もちろん、誰もが経験するでしょう)、現在、そこに潜んでいた危機への対処についてはまったく考えてもいませんでした。新型コロナ・パンデミックが訪れ、まさか自宅から授業をすることになるとは……。

---

(1)　原書では「バーンアウト」という言葉で表されています。日本では「燃え尽き症候群」と訳されることが多いですが、その領域や状態はさまざまです。本書では、「心の疲れ」、「過労」、「教える元気がない状態」、「情熱を失った状態」、「虚無感」、「閉塞感」、ひいては「心の病」という状態までをも含む言葉として捉え、文脈に合わせてこれらを使い分けることにします。九～一一ページ、二二一～二二三ページを参照してください。

彼女はＩＣＴを活用することが初めてというわけではなく、四年生の授業でも使っていました。しかし、二〇二〇年三月、年度の途中に休校を余儀なくされ、彼女と二八人の生徒はネットの世界に移らざるを得なくなったのです。

「すぐにでも授業計画を変えなくては……」と、ヴァル先生は面食らってしまいました。教育委員会の指針や生徒のニーズにこたえるべく、授業のやり方を何度も何度も考えました。これまで彼女は、日常的に管理職と相談しながら授業をうまくこなしてきました。それだけに、相談もせずに授業を計画することに大きなストレスを感じていました。もちろん、校長から送られてくるＥメールを読んで、新たな状況の変化や見通しは学べるわけですが……。

ヴァル先生は、トーマス（一四歳）、カイラ（八歳）、ハドリー（二歳）の母親でもあります。中学生のトーマスはネットを活用して自分で学べましたが、小学校低学年のカイラは課題を理解するためにサポートを必要としていました。そのうえ、ハドリーを保育所に預けられなくなり、常に、下の二人に気を配らなければならなくなったのです。日を追うごとに彼女は辛くなっていきました。

ヴァル先生の夫であるジェフも、同じく在宅勤務となりました。ズーム（Zoom）会議に日々参加し、デスクワークをこなしています。仕事の締め切りが迫り、子どもの世話はできません。

そんな状態ですから、トーマスにカイラとハドリーの世話を頼むようになってしまいました。長男に下の子どもの世話をさせるという母親としての罪悪感を抱きながら、Ｅメールの返信をしつつ保護者に電話をかけ、一日の、あるいは一週間の授業計画を立てながら準備をし、実行しなければなりません。

ヴァル先生は、末っ子のハドリーが生まれたときからずっと、子育てにおける疲労感と闘い続けていました。と同時に、毎年、成長期にある生徒たちの「よき先生」であるべきだという思いとの間でバランスをとることに苦しんできました。もちろん、現在も同じ状態です。

彼女は授業動画や課題を準備し、半数ほどの生徒しか参加していないとはいえ、この「ヴァーチャル授業」をうまくこなしているという手応えを感じていました。しかし、サポートを必要とする生徒が大勢いるという状況に気を揉んでいました。そのため、生徒の家庭との連絡をできるかぎり密に行うように努めました。

一日中、Ｅメールや電話、保護者からのＩＣＴに関する問い合わせに答えるようになり、現在では一日に一一時間も働いています。時には、真夜中までＥメールの返信をしています。

よき母であり、よき教師でもあり続ける、そのようなことがどうすればできるのでしょうか？　何週間も会っていない生徒のニーズにすべて応じるなんてできますか？　教室で教えていたときでさえ仕事と家庭との切り替えができていなかったのに、自宅から教えることになった今、どのようにして切り替えろというのでしょうか？

当然のごとくヴァル先生は、こんな状況は続けられない、と考えました。教師をやめようか、とさえ思いました。一つのことがうまくできたとしても、また次に何が降りかかってくるのか……と恐れていました。

多くの教師と同じように、ヴァル先生は心の疲れや悩みを解決する必要に迫られていたのです。(2)

---

(2) ヴァル先生がこの後どうなったのかについては、本書の「エピローグ」で語られています。

もくじ

教師の生き方、今こそチェック！

——あなたが変われば学校が変わる

一人でもがき続けているすべての教師に捧げる

Amber Harper
HACKING TEACHER BURNOUT
Originally published by Times 10 Publications

Translated and published by Shinhyoron Co. Ltd.
with permission from The Paperless Classroom DBA x Times 10 Publications.
This translated work is based on *Hacking Teacher Burnout*
by Amber Harper.
Translation arrangement managed RussoRights, LLC and
Japan UNI Agency Inc. on behalf of Times 10 Publications.

はじめに——たとえ困難な道でも成功に向けて準備しましょう

　初めて教師になったときのことを思い出してください。教室に一歩踏みだす前のことです。子どもたちとのとびっきりの出会いを、と思っていたことでしょう。「学び」というプレゼントを携えて生徒を勇気づけ、生徒たちが人生の目標を達成するという姿を夢見ていたはずです。

　しかし、何かが起こります。たくさんのことが身に降りかかってきます。デスクワーク、指導が困難な生徒、どうしようもない教育政策や管理職など……やがて、心が疲れていきます。取り残されたような、追いやられたような、さらには無力であるかのような感情が芽生えます。元気をなくし、自分の価値を見いだせず、そして「何も変えられない」と嘆きはじめます。……あなたが夢見ていた世界が、まさにあなた自身をこんなにも変えてしまったのです。しかも、悪い方向へ……。

　本書は、教師の心の疲れや情熱を失っていく過程を理解するために書かれたものではありません。もちろん、変化とサポートを望む読者であるあなたの気持ちを確かめるだけのものでもありません。**あなたが求めているのは、「今」を変える現実的、計画的な手立てであり、人生をより良く変えるための手立てのはずです。**

ご存じかもしれませんが、「教職に満足している」と答える人の割合は二〇〇九年から一五ポイントも下がっています。二〇〇九年には五九パーセントだった満足群の割合が、二〇二〇年には四四パーセントにまで落ちこんでいます。ここ二〇年くらいにおいてもっとも低いレベルとなっているのです。

アメリカ教育省によると、教職から去りたいと「強く望む」、「かなり望む」と回答した教師の割合は、二〇〇九年の一・七パーセントから一・九パーセントにまで急増しています(1)。

私が二〇一六年四月に「元気な教師(BURNED-IN〔バーンドイン〕)(2)」というフェイスブックを開設したのは、心が疲れ、情熱を失いかけている教師に何らかの行動や気づきをもたらしてサポートをしたかったからです。そして、断罪や否定をされることなく、語りあえるという安全な場所を提供したかったからです。

困難や変化の大小にかかわらず、教師が互いに向きあい、信頼し、かかわりあう場所を私はつくりたかったのです。要するに、困難をくぐり抜けて幸せになれる場所です。

今では、教師が再び元気を取り戻すための八つの方法・手順ができあがっています。現実がどんなに暗く、可能性が閉ざされていようとも、教師の気持ちが変えられる場所となっています。

きっと、「明るい道」に戻してくれる方法が見つかるでしょう。

私自身、過去に辛い体験をしましたし、そこからたくさんのことを学びました。もちろん、心が疲れ、情熱を失いかけている教師と一緒に働いたこともあります。その経験から言えるのは、こうした精神的な状況に向きあった際、「完全な解決策」と断言できるような単純な答えは用意されていないということです。

頻繁に私たちは「傷口」に対処しようとしますが、実際にはとんでもない数の「傷」があります。教師はさまざまなタイプの疲労感や無気力に陥っていますので、解決策もその教師の数だけ存在するでしょう。

しかし、幸いにも、あなたは自分を捕らえているものに抗（あらが）おうとしています。今も、自分の精

（1）ちなみに、経済協力開発機構（ＯＥＣＤ）は二〇二〇年三月、「国際教員指導環境調査（ＴＡＬＩＳ）二〇一八年結果報告書（第二巻）」を発表しました。注目すべきは、中学校教員の仕事に対する満足度については日本が最下位だったことです（調査参加国は四八か国）。さらに、「現在の学校での自分の仕事の成果に満足している」に当てはまらないと回答している教員の割合は、日本の五一パーセントに対して、調査参加国・地域の平均は七パーセントでした。あくまで中学校教員の例ですが、日本の現状も本書の状況と似ていると考えられます。別の調査結果が、「学校の業務に関する調査、寺子屋朝日」を検索すると見られます。
（2）「バーンドイン」は、バーンアウトに対する著者の造語です。「再び熱意を取り戻す」という意味が込められています。

神状態は大丈夫かと気になっていることでしょう。ユーチューブ動画を見たり、グーグル検索をして自らに表れた兆候や症状について調べるなど、誰かに助けを求める前にやるべきことをすでにやっているはずです。

ツイッターやインスタグラム、フェイスブックを見れば面白い動画や写真がありますし、毎日、働く教師を称えるコメントなども掲載されているでしょう。それらは私たちに共感してくれるものですから、そのときは気持ちも和みます。ですが、本当のところ、それらは一つのことしか言っていないのです。

「学校で働くのは大変だ、年々難しくなっている」ということだけです。

短期的には「笑い」は妙薬となりますが、次第に笑顔は消えていき、普段の仕事に戻るしかありません。ストレス、働きすぎ、不満、そして閉塞感……。こうした精神状態に陥っていることを恥ずかしく思ってしまい、口を閉ざし、独りぼっちになってしまう場合もあります。そして、やがてより根深い問題となってしまい、身動きがとれなくなります。ひょっとしたら、「教師を辞めるのが唯一の方法だ」と言いだすかもしれません。決してそうとはかぎらないのに……。

教職に就いて幸せな人生を送っている人もいれば、辛うじて息をしているだけという日々を過ごしている人もいるでしょう。うまくやっている教師がいる傍らで、やっとの思いで生き延びている教師がいるのはなぜでしょうか？　退職までの間、何の苦労もなく教えられる人がいる一方で、わずか数年で疲れ切ってしまうような人がなぜいるのでしょうか？

本書を読めば、生きているのが「やっと」という状態から自信を取り戻して、満足できる状態に至る道筋が見つけられるはずです。また、その道筋に近づいている過程が分かるように、段階を踏んで「満足な状態」まで行けるようになっています。きっと、困難や危機を乗り越え、実現可能な段階を追って、準備万端、困難の末に幸せがつかめます。万事うまくいっていないあなたに、個人としても、仕事上でも、確固たる未来像をつくる方法を伝えたいと思います。

本書を読み進み、段階を踏んでいくにつれ、あなた自身が抱く満足感や納得できる何かを発見することが本書の目標であると気づくはずです。もし、教職を離れようと思っているのであれば、本書を読んでから決めてください。現在置かれている精神状態のタイプや個人・仕事上での目標に寄り添って、あなたにピッタリの進み方を見つけるためのお手伝いをさせてください。

いたくもないような場所で、好きでもない人を喜ばせるために仮面をかぶって生きていくマニュアルをお探しなら、本書ではお役に立てません。悲劇のなかで笑っているような、偽った人生を送るようなことはさせません。**本書は、どのような困難に遭遇しても、危機のまっただ中にいても、人生があなたなりに幸せで満足できるものにするための方向性やマインドセット（考え方の枠組み）、展望、そして小さな一歩となる方法をお伝えするものです**[3]**。**

そのためのステップは、一人ひとりが違う歩幅で、それぞれの方向に向かっていきます。正確に見抜けないかもしれませんが、各ステップであなたをガイドすることはできると私は思っています。どこで教師をしていようとも、あなたには幸福で、健康で、満たされた人生を送る権利があるのです。

本書は八つの「レベル」に分かれて構成されています。どのレベルにおいても、その前に挙げたレベルを踏まえた形で書かれており、現状に対してどのように手をつけたらよいのか、また、あなたが考え、行動に移した内容が振り返れるようになっています。つまり、一度読んだら本棚にしまってしまうような本ではない、ということです。

習慣を変えるためには時間が必要ですし、練習、習熟、忍耐が欠かせません。「レベル1」を読んだだけで本書の考え方がシンプルなものであると気づくでしょうが、同時に、決して簡単ではないということにも気づくでしょう。何しろ、ご自分の魂のありかを探し、自分が何者であるかをはっきりさせ、そのうえで行動するわけですから。

まずは、なぜそのような状況に陥ったのかについて考え、さらに、自分が真に何を望んでいるのか、どうすればそこにたどり着けるのかについて分析することになるでしょう。

ところで、八つのレベルを読み進める道のりは、あなたが普段されている旅のガイドブックのようなものになると思います。

仕事や人生において困難に直面したときでも、前に目を向けて、その先に進むための勇気を与えてくれるでしょう。心が疲れ、情熱を失うことになったきっかけを認識し、自分自身を見つめる方法が分かります。また、大きな問題や困難を特定し、解決するために必要とされることを探り、仕事上において真に望む事柄に焦点を絞って、目標に向かって日々行動するための方法も分かるはずです。

それぞれのレベルは、孤独、疲労、無気力といった状態から自信と情熱を取り戻し、元気な教師となる「旅の一里塚」と考えてください[4]。

（3）現在、日本では教師の「働き方改革」が唱えられ、実践されています。たしかに、これまでの学校は仕事が無制限、無限定でした。そのことを振り返り、適正なあり方にする必要があります。しかし、ただ帰宅時間を早くするためだけの「働き方改革」になってしまうのではないかと危惧しています。無闇に時間を省くことだけを考え、教師という仕事の魅力の本質を失ってしまったら本末転倒です。本書は、「働き方」というよりは「あなたの生き方」を問い直すものです。ぜひ、そのことを意識して読み進めてください。

（4）本書は他の「ハック・シリーズ」と同様、すべての章において取り入れやすい方法が提示されています。本来は、「問題」、「ハック」、「あなたが明日にでもできること」、「完全実施に向けての青写真」、「課題を乗り越える」、「ハックが実際に行われている事例」、「まとめ」という構成になっていますが、本書では、日本の読者に分かりやすいように「見出し」を少し変更しております。ご了承ください。

本書を通して、「情熱を失いかけた教師」から「元気な教師」になる方法を学ぶことになりますが、まずはあなたがどこで閉塞状況に陥ったのかについて知るところからはじめましょう。「レベル1」に進む前に、次の二つを理解しましょう。

❶あなたの陥っている状況のタイプ
❷あなたの陥っている状態（度合い）

あなたの陥っている状況はどのタイプでしょうか？

疲れ果てていますか？　バランスのとれない状態ですか？　マンネリになっていますか？

Aタイプ　「疲弊型」

意識しているか、していないかは別にして、あなたは長い間、孤独という状況のなかでもがき苦しんできました。今や仕事に無関心になり、日々、教室に居場所が見いだせなくなっています。そして、誰ともかかわらないようにしています。

なぜ教師をやっているのかが分からない、何をすればいいのかも分からない、気持ちのもちようも分からないという状態です。教職を続けるべきかどうか、自分で決断することさえできない状態です。気づけば、こんなことをつぶやいています。

「いくら頑張ってもうまくいくわけがない」

教えることも、学校に行くことも、生徒や保護者と触れあうことも、そして管理職や同僚と交流することも好きだったのに、今ではかかわりが少なくなり、避けるようになっています。

Bタイプ「ライフ・ワーク・アンバランス型」

教えることは好きなのですが、すべてがうまくいくわけではありません。今、岐路に立たされている状態です。疲れ果ててしまうのを承知のうえで、期待にこたえてやらなければならないことをすべてやり続けるか、あるいは何かを変えるか、という分かれ道です。しかし、どうすればできるのかは分かりません。

こんなふうに言うのではないでしょうか。

「昔は部活動、委員会で活躍するのが好きだった。だけど今は、教師としての仕事だけをやって、すぐ家に帰りたい。以前は、テストなどを持ち帰って採点をしても苦にならなかったが、もうそんなことはやれない」

教師として働きはじめたころは、時間があるから、あるいは単に面白いからといってほかの仕事も喜んでやっていた、という感覚だったでしょう。授業計画や授業の準備、採点、入力作業も苦ではありませんでした。しかし、今では、すべての仕事から逃れる方法を探しているという状態です。

Cタイプ「無自覚型」

最初のころは新たな授業方法や生徒指導のやり方を覚えるのに精いっぱいでしたが、ある程度それが身についたので学ぶ必要を感じなくなっています。かつては、何か仕事のうえで挑戦してみたいと思っていたでしょう。しかし、今はこんなふうに考えてしまいます。

「教育も好きだし、教えることも好きだ。でも、何をやっても、どうせ教科書や同じ行事の繰り返しだ」

昨今の教育における変化は一時の流行にすぎないと自分に言い聞かせ、本当は必要性を感じながらも変化に目を背けています。ある程度「いつもの」仕事をこなして、なるべく早く帰ればいい、これこそが「働き方改革」(5)だと思いこんで、かつてもっていた情熱がすっかり冷めてしまっている現状に気づいていません。

あなたの陥っている状態はどのステージでしょうか?

あなたが陥っているタイプは分かりましたか? 次は、成功へのスタートラインを決めます。

下の**図**を見てください。「0～5」というステージ（段階）に分かれていますが、「元気な教師」への道のりが分かるはずです。あなたがどのタイプであれ、この**図**に基づいて自分のステージが確認できます。置換すれば、長い道のりへの「入り口」とも言えるでしょう。

少し時間をとって、すべてのステージの文章を読んでみてください。あなたが普段感じ、行い、考えていることを見つけましょう。現状にもっとも近いものを見つけたら、丸をつけるか線を引きましょう。ピッタリ当てはまらなくてもいいです。現在はこのあたりだ、というところでいいです。自分のステージが認識できれば、旅の途中において、本書に示された「元気な教師」への一里塚に沿って進めるだけでなく、自らの成長にも気づけるでしょう。

（5）　Cタイプについては、日本の状況を踏まえて訳者が補足しました。かつて、日本においてはAタイプやBタイプが多かったと思いますが、現在はCタイプが増えているのではないでしょうか。

図　成功の道のりにおける六つのステージ

ステージ0

ステージ0、妙な感じがするかもしれませんね。あなたの場合、本書を手にしている時点で、すでにこの段階を抜けだしているということになります。ステージ0については、ほかの人を見れば分かりやすいでしょう。言ってみれば、あなたのかつての姿であり、本書を読むというような具体的な行動を起こす前の段階です。

要するに、ステージ0にいる間は何も見いだせていないということです。朝起きて、友達と話し、仕事には行っています。しかし、心の疲れや虚無感に陥ったということへの恥じらい、悲しみ、孤立感から、どこから手をつけてよいやら、自らを変えられるのかどうかが自分では分からない状態です。[6] これは「現状維持」であり、自分のためには「それでいい」と考えているかもしれません。

自分の人生がどれほどつまらないものか、仕事や周りの人をどれほど嫌っているのか、どうせ理解してもらえないだろうから誰にも話さないでおこう、そんなことばかりを考えている状態と言えます。

ステージ1

この段階だと、落ちこんでいる事実をあなたは認めています。しかし、日々の感情や考えについて、見方を変えるまでには至っていません。ネガティブな気持ちや罪悪感のため、心をすり減らし、仕事のうえで自分やほかの人を責めてしまいます。独り言でも、誰かとの会話でも、我慢をして何かの犠牲になっているような言い方になり、教師を辞めて別の仕事をしようかとまで考えています。

毎朝が憂鬱で、どうして自分の人生やキャリアがこんな状態になってしまったのか、と考えこんでしまいます。自らに向かって、「いったい、どうしろというのだ⁉」と言ってしまうような状態です。

ステージ2

この段階だと、「何でこうなったのだろう?」から「何だったらできるだろうか?」へと考え

（6）　翻訳協力者から、「心の疲れや虚無感が自分の能力不足を認めるようで、ほかの人になかなか話せないと感じることがありますね。責任感が強い人ほどそのように感じるのでしょうか」というコメントがありました。日本の教師には、この傾向が強いのかもしれません。

方が変わりはじめています。自分を見つめ直す気持ちや好奇心があれば、解決とサポートを探る道へと移れるでしょう。心を開いて感情が話せるようになり、前に進むための答えを探し求めることもできます。

自分の課題について振り返り、教えるという仕事の何が好きだったのか、何を見失っているのか、どうすれば日々の授業により多くのことがもたらせるのか、と考えられる状態です。

ステージ3

この段階は転換点となります。積極的、前向きになりはじめる段階です。落ちこむ引き金となったもの、自分の課題、強みについては確認できています。自分のために何をするのか、と考えている状態です。それは教師として、というだけではありません。何が喜びなのかと見つめ、前向きな結果を見いだす変化の必要性を感じています。

落ちこんだ状態から逃れるために、リスクを恐れず、かつてはしなかったことをしようとする場合もあるでしょう。要するに、変化の段階だと言えます。

ステージ4

あなたの心に火がついている状態です。あなたにとって真に意味のある目標設定ができており、自分をサポートしてくれる人たちの体制も整っています。日々、意識的に進歩を遂げている状態でもあります。周囲から学んでいることに気づいており、行動についての計画も進化しています。あなたが望む「より幸せで充実した人生」を同じく望んでいる多くの人々とかかわりながら、自分の生活を送っているところです。

日に日に目標へ近づいていき、もし人生のハプニングや困難が訪れても、それらに対処する計画が立てられます。ぼんやりと何も考えていないようなときでも日々の生活に夢中になっている状態とも言えます。

ステージ5

この段階にいるあなたであれば、自分がするべきことや「絶対にしない」と言えることがはっきりしているくらい自信に満ちています。ほとんどの日をバランスよく過ごしているはずです。毎日の計画を柔軟に見直し、物事が思ったように進まなくても落ちこまず、すぐに通常の状態に戻ってこられることも分かっています。

以前よりもよく眠れますし、自らが立ち直っていくストーリーを、誰かへの感謝にあふれた旅のように捉え直しています。落ちこんだ経験があるからこそ今日の自分がある、と自覚しているからでしょう。

聞きまちがいではありませんよ。この段階では、あなたは自分が落ちこんでしまった事実にも意味を感じ、感謝の気持ちをもっているはずです。あなたは、情熱とともに目覚め、思いもよらなかった強みを日々新たに発見している、そんな状態と言えます。

自分の陥っているタイプやステージについてより詳しく知りたいときは、「元気な教師（BURNED-IN Teacher）」のフェイスブックを参照してください（四ページ参照）。

さあ、自分のタイプとステージを理解したところで旅に出ることにしましょう。ここに記したタイプとステージは、スーツケースに詰めこむ荷物と同じく、大切なものだと思ってください。このあとに紹介する方法を通して、自身の成長を測る物差しとなるものです。

この旅は、あなたがネガティブ、偽り、失望、燃え尽き、犠牲と忍耐にとどまることをやめたときからはじまっています。あなたの人生はどうにもならないものではありませんし、そこから逃げる必要もありません。では、出発しましょう！

それぞれのレベルで示される活動を終えたときが、立ち直っている度合いを測る機会となります。振り返りつつ実践し、旅を続けましょう。どのレベルの文章も読みやすいはずですが、実際に行動に移すのかどうかはあなた次第となります。つまり、あなたの現状とあなたの目標によるのです。

各レベルに記載した「ワークの手順」が、状況や感情とうまくつきあいながらあなた自身が行う大いなる挑戦において、仕事上でも個人的な意味でも成功をもたらすことになるでしょう。

あなた自身の振り返りを記録するため、また常にそこに立ち戻るためのノート（ジャーナル）の準備をおすすめします。(7) 振り返りを行えば、将来、再び情熱を失ってしまうような可能性が小さくなるでしょう。困難があったとしても、八つのレベルにわたる「ワーク」によって乗り越えるべき事柄が明確になり、焦点化されるでしょう。

さあ、準備は整いましたか？　情熱を失いかけている教師（あなた）自らに火をつけ、日々を変えるのは今です！

(7)　ジャーナルについては、二一六〜二一八ページを参照してください。

レベル1

現状認識

あなたの「今」からはじめましょう

まずは、「今」の前に何があったのかを振り返る

「過去は参考にすべき場所であるが、
決して安住していい場所ではない」
（ロイ・T・ベネット）*

（＊）（Roy T. Bennett）作家。ポジティブな考えや想像的な言葉を伝え、人々にインスピレーションと勇気を与えてきました。https://note.com/erikarose/n/n58d153e672e6

問題――あなたは教育への情熱を見失い、そこから動きだすこともできず、流されるまま時間が過ぎてしまっている

情熱を見失い、ただ時間を過ごしているだけのあなたであれば、現状を見つめるのも、どうしてそうなってしまったのかと考えることも嫌でしょう。教師である私たちには、自分の状況がどの時点からはじまったのか、今はどうなのか、どうしてこうなったのか、今後どうしたいのかなどについて、じっくり考えるだけのゆとりすらありません。

教えるという行為には、毎日、数多くの決断や配慮すべき細かい事柄、責任といった憂鬱なことが伴い、それが霧のように私たちを包んでいます。そのような霧のために、自分の陥っている現状がはっきりと見えないのです。

「バーンアウト」についてグーグル検索をすれば、あまりにも広範囲にわたる症状があって驚いてしまいます。

・活力が減退している、燃え尽きている。
・仕事に対する気持ちが離れてしまっている。
・教えることについて否定的、あるいはひねくれた見方になっている。
・専門性が低下している（教師として、自ら学び、成長しなくなっている）。

こうした症状に思い当たる場合もあるでしょう。あるいは、ほとんどすべてが当てはまってしまうのではありませんか？　ひょっとしたら、これらの症状に気づいていながら、時間がないために思考停止状態になっているかもしれません。

日々、教師はやらなければならないことが多すぎるため、仕事を「こなす」というモードについ入ってしまいます。そして、学校やクラスにおいて、「一日をこなす」ことが目標になってしまうものです[1]。

単にやりこなすだけなら、どうすればよかったのかと振り返ることはないでしょう。何も変える必要はなく、前向きに考える時間もエネルギーも不要です。何かに前向きに取り組

（１）翻訳協力者の一人（現職教員）から、「まさにそのとおりです。生徒と向きあうことや教科に関することでも『こなす』モードに入り、to do リストのように考えてしまいがちです。どんな教育的効果があるのか、目的・目標は何なのかについて考える機会が少なくなっています」というコメントが届きました。学校が忙しいと、いかに無事にこなし、終わらせるかが目標になってしまうのでしょう。

むためには十分な時間が必要で、じっくり考えたり、計画するといったことが求められます。しかも、私たちの脳は、困難や厳しい決定に迫られたときにはより安全で保守的な方法を選ぶという傾向があります。

つまり、私たちは、二つの道があったら「容易な」ほうを選んでしまうということです。たとえば、A「困難に対して不平を言うだけでそのままやり続ける」、B「状況を打破するために何か違うことをやってみる」という二つの選択肢があったとき、私たちの脳はAを選んでしまうのです。そのほうが消費カロリーが少ないからです（大昔から、人類が生き残るための仕組みなのでしょう）。

あなたが閉塞状況に陥り、動かないでいるかぎり、脳が安直なほうを選んで、毎日、毎週、毎月、毎年が同じように回り続けます。まさに、永久に周回するジェットコースター状態です。座席に座っているだけで、高く、低く、回転しながら、不安や恐怖が次々に襲ってきます。

心が疲れ、情熱を失っていることに気づきながら何の行動にも移せていないなら、次のような「心の声」が聞こえてくるのではないでしょうか。

・何がしたいか分からない。

なぜ、どうやって「今」に至ったのかについて見つめ直せば、閉塞状況から脱する旅を進める方法も見えてくるでしょう。

・やりたいことは分かっているが、うまくいかないだろう。
・私は孤独で、誰も私の気持ちなんか分かってくれない。
・どうせ、このままだ。
・自分の限界はこの程度だ。
・みんなが私を無能だと思っている。
・辞める以外に選択肢がない。
・何も語りたくない。
・ずっと待っていれば、誰かが答えをくれるか、救ってくれるだろう。

こうした心の声は、無力感と被害者意識の表れです。活力は奪われ、将来に対して声を上げることもなく、選択する余地もなく、学校でもプライベートでも、自分の人生に対して無責任になってしまいます。

ですが、本書を手にした時点で、あなたは「やられっぱなしにはならない」という道を選んでいます。それどころか、生活や仕事に対して積極的になり、本来の力を取り戻そうとしています。自分に責任をもち、自ら進んで改善する準備ができているはずです。現状から脱却する旅をはじめ、改善するためのワークに取り組みましょう！

改善するためのワークの方向性――あなたの「今」からはじめましょう

まずは、この閉塞感に対する意識から変えましょう。閉塞感に向きあい、時間をかけ、振り返る必要があります。そうすれば、あなたの「今」の地点、そこにどのようにたどり着いたのかが分かるでしょう。**心の疲れは、成長と変化を願う心の表れである**と捉え、手遅れになる前に行動しましょう。次の質問に答えてみてください。

・教師になってからどれくらい経ちますか?
・いつからイライラするようになりましたか? バランスを失ったのはいつですか? マンネリ、不安、不満、無気力、恥ずかしさ、孤立を感じるようになったのはいつからですか?
・その感覚は何が原因で生まれましたか?
・そうした感覚が初めて起こったとき、それを認め、受け入れましたか? 受け入れられなかったとしたら、その理由は何ですか?
・閉塞状況を感じはじめたとき、人生がどのように変わりましたか?
・この状況を解消するために、すでに取り組んでいることはありますか?

・あなたが苦悩している現状を知っている人はいますか？

何が、どのように「今」の場所まであなたを連れてきたのかについて自分で説明できたなら、本書を読んだ甲斐があったというものです。これで現在地は分かりました。次はどこへ向かっていきたいのか、ということです。現状を考えることも前進するための一歩なのです。きっと、あなたのプラスになるでしょう。

すべては、あなたの「今」からはじまります。それは、過去を振り返り、見つめ直すという状態に行き着きますが、後悔することではありません。あなたの現状を理解する、それが目的なのです。

なぜ、どうやって「今」に至ったのかについて見つめ直せば、閉塞状況から脱する旅を進めるための方法が見えてくるでしょう。

ワークの下準備

もがき苦しんでいる、あるいは助けを必要としているという自分の弱さを認めるには勇気が必要です。だから、まずは言葉に出してみましょう。

「私の心は疲れています」と。

それが初めの一歩となります。世の中には疲れた人があふれていますが、みんなそのひと言が言えないからそうなってしまうのです。あなたはどうですか？　すでに一歩踏みだしていますね。あなたは自分自身を見つめ、この憂鬱な状態について学びつつあります。それに、自分自身を成長させ、考えたり、感じたり、信じたりする力を得ようとしています。以前とは比べものにならないほど変わろうとしているのです。

まずは、自分がどうしてこのような状態に陥ったのかについて理解しましょう。次に挙げる簡単な活動に取り組んでみてください。

バーンアウトのテストをやってみましょう

著者が運営しているサイト「burnedinteacher.com」で「バーンアウト」のテストをやってみましょう(2)。自分の現状や現在の仕事に対する感情について、六つの質問に答えるだけであなたのタイプが分かります。簡単ですし、自分では気づかなかったことが明らかになります。

「サポーター」になってくれそうな人をリストアップしましょう

元気を取り戻すための旅を支えてくれる人のことです。辛い日々を乗り切り、ともに喜びを分かちあってくれる人をあなたは求めているはずです。

誰がいいか、と考えてみましょう。先ほどのテスト結果を含めたあなたの現状と、「レベル1」からはじまる旅をその人と共有しましょう。仕事でもプライベートでも信頼できるだけの人が周りにいない場合は、SNSを使って学びのネットワーク（PLN）(3)を築くところからはじめましょう。

プライベートでのストレス要因をリストアップしましょう

プライベートでの困り事や変化が、あなたの生活全般に影響している可能性があります。次の二つの問いに答えてみてください。

❶仕事のうえでの幸せと充足に悪影響を及ぼした、プライベートな出来事は何ですか？

❷あなたの気持ちや考え方、取り組みに悪影響を与えた、個人や家庭、社会、世界の変化は何ですか？

（2）原著者が運営しているサイトです。章末（四七ページ）でサイトにある質問を翻訳していますので、活用してください。

（3）（Professional Learning Network）ネットでつながる時代になって、過去一〇年ぐらい、欧米では教員研修のもっとも効果的な方法として脚光を浴びています。イベント的なものではなく、継続性も確保できます。

あなた自身が大切にしている「価値観」を探りましょう

あなたが「イエス」か「ノー」かを決める際、決め手となる価値観をあえて二つ挙げるとしたら何ですか？　それらが、目指すものになかなかたどり着けないときに立ち返るべき基本的価値観となり、周りの人々とあなたを結びつけるものとなります。

あなたがもっとも尽くしたいと思う人を特定しましょう

ビジネスの世界であれば「顧客」がそれに当たります。たとえすぐにお金を支払ってくれなくとも、ビジネスならば顧客のために働くはずです。教育の場合は、これほどまで仕事が多いにもかかわらず、毎日その人のために働きたいと思える相手ということになります。あなたが教師になろうとした原点そのものです。

ワークの手順

あなたが自分の現状を受け入れたら、次はそれへの対処です。陥っている状況のタイプに応じて教師であるあなたが成長するためには、ここからが正念場となります。準備はいいですか？

次の四つのステップを確認して、克服するための第一歩を踏みだしましょう。

ステップ1　タイプとステージを特定する

「はじめに」において、三つのタイプと六つのステージについて示しました。それを特定し、対処法を考えましょう。

教師における閉塞状況のタイプは、「疲弊型」、「ライフ・ワーク・アンバランス型」、「無自覚型」の三つとなります。あなたも、仕事上において何度もそうした人を目にしてきたことでしょう。決して、珍しいことではありません。

症状の異なる患者が医者にかかるときを想像してみてください。みんな具合が悪いのですが、ある人は足を骨折、別の人は高熱で咳きこんでいる、もう一人は腰痛に苦しんでいるとします。どれも深刻で、異なる療法が必要です。

続いてステージを特定します。心が疲れ、教える元気も出ない状態から、情熱と自信を取り戻すまで、本書のワークに従って一四ページからの「各ステージの説明」を繰り返し開き、自分のステージをチェックしてください。たとえば、あなたの状態が「ステージ1」や「ステージ2」の段階ならよい傾向です。自ら改善に取りかかりつつあるということです。たぶん、自分の思考や感情、行動を見つめ直し、前進していることにも気づくはずです。スタート地点が分からない人は、ゴールに近づいているかどうかも分かりません。

ステップ2　閉塞状況に陥るきっかけとなった原因を特定する

まずは、過去に遡る旅です。思うに、これまで多くの人から「過去のことは忘れろ」と言われてきたことでしょう。たしかによいアドバイスですが、物事には必ず原因があります。決して、晴天の霹靂のようなことはありません。何の予兆もなく、いきなり襲ってくるものではないのです。

心の疲れや病はゆっくりとはじまり、何の兆しもなく、日々の生活を蝕んでいきます。だから、好きでたまらない「教育」のすべてを食いつぶされるまで、あなたは気づかずにいるのです。不思議なことに、だからこそ克服しにくいのです。しかし、大丈夫です。

過去の閉塞感に苦しんでいた私の教師時代を思い返すと（すべてのタイプ、すべてのステージを経験しています）、多くの要因が重なって負のスパイラルになっていたと断言できます。教壇に立っている間は、予兆、症状といったものはまったくありませんでした。体内に潜んでいる何かが感情を壊していっても気づかなかったのです。

信じられないでしょう？　どうしたらいいのでしょうか？　「知らぬが仏」と言いますが、そんなことはないでしょう。落ちこみ、孤独になり、攻撃的にもなってしまいます。どうしてでしょうか？　自分の弱さをさらけだしたくないから、なのかもしれません。

その時点で、私は同僚に何度も当たってしまい、弱さをさらけだしてしまいました。授業がはじまるわずか一〇分前、というときもありました。そんなことを、これまでに二回も経験しています。

こんなことがありながらまだ教えることが好きだなんて、いったいどうしてでしょうか。ボタンの掛け違えとはこのことです。私は心の中で自分に攻撃的になったり、否定的になったりしていました。

「何で人に優しくできないの？」

「私の何がいけないの？」

「自分には生きている価値がない。すべてを手にしていたはずだけど、むざむざそれを捨ててしまった」

「どうせ満足などできない」

「私はダメな人間だから、リーダーになんてなれない」

こんなことばかりを言って、私はダメになっていく引き金や変化の兆しにまったく気づかなかったのです。

今思えば、次のように問いかければよかったのかもしれません。

・この環境に置かれてからどれくらいか？
・この学校、学年、教室に来てからどれくらい？
・ゆるやかに落ちこんでいくなかで何か変わったことは？
・生活の変化が精神状態に及ぼしたことは？
・この心理状況になってからどれくらい経つか？
・不満や落胆、孤立感、不安をいつから感じているか？
・こんな気持ちになってから、新しいことに取り組んだか？
・誰かと話し、サポートやアドバイス、相談を求めたか？

さあ、あなたもやってみてください。目を閉じて深呼吸。あなたの場合の引き金、変化の兆しについて考えてみましょう。何度も考えれば、深層心理に押しこめていたものも浮かびあがってくるかもしれません。そして、浮かんできた考えに注目しましょう。おそらく、それが必要としている手がかりなのです。考えが浮かんできたら、それをメモにとったり、声に出してみましょう。きっと、心に留めておけるはずです。

自分のタイプとステージを知り、ここに書いたようなワークをするのが対処の基本となります。何が、どこで、どのように起こっているのかが分かれば、言葉に出して考えやすくなります。

ステップ3　大切な「人」が誰かを考える

誰のために仕事をしているのか、ということを考えてみてください。それがあなたの考えや行動の「物差し」となります。考えるなかで、自分自身に問い返してみましょう。「この考えや行動が、大切な人たちの背中を押すものとなっているのか？　その人たちのためになっているのか？　その人たちのためにエネルギーを使っているのか？」と。

ここでは、教師としてもっとも貢献したい相手ということに限定します。仕事のうえでは多くの人と何らかのかかわりがあるでしょうが、あなたが仕事をするうえにおいてもっとも貢献したい相手に絞ります。あなたの働く目的であり、一生懸命仕事をするだけの価値がある人たちのことです。

それは、生徒であったり、保護者であったり、管理職であったり、同僚であったりと、さまざまでしょう。もちろん、自分自身をそのなかに加えてもかまいません。あなたが自分の人生を粗末に扱っていたことを反省し、これからは優先的に自分の時間をとりたいと思うならば、「それも結構だ」と思います。

誰かのための努力と思えば、より健康的ですし、より前向きになります。これもまた、心の疲れや病を克服できるかどうかのポイントとなるでしょう。(4)

ステップ4　自分の「基本的価値観」を見つめ直す

「基本的価値観」というのは日頃の価値観の集合体です。言ってみれば、あなたの判断基準となるものです。難しい決断を下すときの基準であり、最優先すべきものを教えてくれます。グーグル検索で「基本的価値観」（原文では「core value」）を表す言葉のリストを見ればたくさんの情報が掲載されていますから、きっとあなたを導き、より良い人生の旅へと連れていってくれるものが見つかるでしょう[5]。

基本的価値観は「本当のあなた」を表現するものです。**本当の自分でいることが最善の道であり、自分自身を勇気づけることであり、あなた自身の価値や目標を高めます。**改善を行い続ける道のりは、基本的価値観を胸に、ゆっくりと歩んでいきましょう。

専門家のなかには「基本理念を一つに絞るべきだ」と言う人もいます。しかし、ブレネ・ブラウンは『Dare to Lead（思いきってリードする）[6]』という本のなかで、「基本的価値観を二つもつべきだ」と言っています。あなた次第だと思いますので、自分で決めてください。大切にしている言葉を探す過程で「本当のあなた」を振り返って、二つか三つに絞りこみましょう。五つ以上だと言葉や意味が重なってくるでしょうし、必要以上に作業が複雑になります。

私は、最近は二つに絞っています。「勇気づけ」と「思いやり」です。自分の人生のなかで一段落した際、これらについて見直してみるつもりでいます。よって「勇気づけ」と「思いやり」は、あくまでも現在の基本的価値観です。ほかの人も、私の人柄をそう評してくれています（実際、これは私のブランドの一部となっています。それについては次章でお話しします[7]）。

あなたの基本的価値観は、自らの行動や習慣のどれをやめて、どれを採用するか、また自分の大切な人に対してどうしたいのかについて決めてくれる物差しとなるでしょう。

（4）日本の場合、「生徒」を第一にすることが当然という文化があります。それ自体は素晴らしいのですが、「生徒のため」という大義名分のために、教師が多くの犠牲を払うようになっているように思われます。ですから、一度冷静に考えてみる必要があります。生徒を第一にしなくても、「教師失格」とはならないはずです。

（5）「コア・バリュー」は、ビジネスの用語としても浸透しつつある言葉です。日本語で言えば、「経営理念」が近い言葉となります。個人としてのコア・バリューについては、キャシー・タバナー、カーステン・スィギンズが著した『好奇心のパワー』（吉田新一郎訳、新評論、二〇一七年）の一二八ページを参照してください。

（6）（Brené Brown）ブラウンは人の弱さ／脆さこそが強さの秘訣であることを主張しているヒューストン大学ソーシャルワーク大学院の研究者です。彼女のTEDトークは絶大なる人気を誇っています。この本は未邦訳ですが、https://www.dokushokai.org/dare-to-lead/ でその内容が分かります。

（7）訳者の一人は、「学ぶ楽しさ」と「イノベーション」が基本的価値観となっています。別の訳者は「オウナーシップ」と「（自律でなく）自立」です。翻訳協力者に尋ねたところ、Aさんは「ゆとり」と「楽しく仕事」、Bさんは「シンプル」と「伝わったときの喜び」、Cさんは「エンパワーメント」、Dさんは「思いやり」、「探究心」、「信頼感」、「好奇心」を挙げてくれました。みなさんも、章末の振り返りの部分にぜひ書きこんでみてください。

課題を乗り越える

一番難しいと思われるのは、あなたの内面から湧き起こる疑問でしょう。おそらく、同僚や著名人の発言、SNSでも否定的な言説を見たことがあるのではないでしょうか。「同病相憐(どうびょうあいあわれ)むだな」とか「自分語りばかりしたところで何も進まないぞ」とかのように(こうしたことについては次章で扱います)。しかし、頭の中やインスタグラムで繰り返される否定的な言説に屈してはいけません。

「やることが多すぎます。そんなことをする暇がありません」

次章で述べますが、あなたが思うことは、そのままあなたの現実になります。ですから、前述のステップを踏んで実行する時間がないと思ってしまったら、そのとおりに時間はなくなってしまうでしょう。しかし、あなたならできると思います。振り返り、実行する価値もありますし、本書を通して成長することも可能です。

たしかに、時間はかかります。しかし、小さな一歩を積み重ねてできあがったものは、必ず努力に見合ったものになるはずです。

「なるようにしかならないですよ」

そのとおりです。こんな言葉が聞こえてくるのでは？

「まあ、今もごちゃごちゃしているし、これから先もずっとこうなんでしょう」

だからこそ「レベル1」として、「あなたの『今』からはじめましょう」と言ったのです。そのとき、こう思ったのではないですか？

「たしかに、なるようにしかならない。でも、もうこんな気持ちや考えのまま、情熱を失った状態の『日常』には留まっていたくない」と。

「なるようにしかならない」というのは、社会や家庭、学校の日常においてよく聞く言葉です。しかし仏教では、こうした現状を知って受け入れることを「根本的に受容する」と言います。ワシントン大学の心理学者であるマーシャ・リンハン（Marsha Linehan）によると、根本的に受容できれば、「本当はコントロールできるはずなのに」という思いこみを捨て、ありのままの現状に気づき、受け入れられるそうです（これについては「レベル3　困難の焦点化」のところで少し詳しくお話しします）。

「私は、心が折れてしまうようなダメ教師なんです」

誰かがそう思わせているだけです。その言葉は、内面から湧きでたものですか？　それとも、藁にもすがるあなたを助けずに、貶めるような噂話を聞いてそのように感じたのですか？

いずれにせよ、あなたは変わろうとしていますし、自分の環境をより良くしようとしている素晴らしい教師なのです。あなたの、たった一度の人生を大切にしてください。

週六〇時間以上の仕事や新しいＩＣＴについて学ぶこと　そして生徒一人ひとりの動向を一時間ごとに記録するのが嫌になってもいいのです。楽しく、活気を感じる場所で働きたいと思ってもいいのです。これらは、ちっともわがままなことではありません。あなたには生きていくだけの価値があるのですから。

気持ちの落ちこみは、あなたの成長と変化から生みだされたものです。(8) 目を背ければ、ますます落ちこんだ気分を味わうことになります。あなたの「今」からはじめましょう。現在の状況を理解すれば、どこへ向かおうとしているのかもはっきりします。それでいいのです。

「一度情熱を失ったら、もう戻れませんよ」

たしかに、心の疲れ、情熱の喪失は人を変えてしまいます。しかし、あなたが自分のタイプとステージを理解し、注意深く行動を選択すれば前向きになれます。こんな教訓があります。

「実態が測れないものは扱うことも難しい」

タイプとステージが分かるというのは、自分自身が測れるということです。だから、それは扱えます。逆に言えば、現状から抜けだしてさえしまえば元の閉塞状況に戻ることはない、という意味になります。

実際、このタイプに逆戻りする可能性はほとんどなくなります。将来的にはほかのタイプになることもあり得ますが、そうなったとしても、その時点では改善のためのステップや方法を身につけているはずですから、後戻りをすることはないでしょう（「レベル８　心の備え」を参照してください）。

今の閉塞状況は、恐怖や自意識過剰、停滞を意味するものではありませんし、教育の世界において「終わった」存在になったわけでも断じてありません。

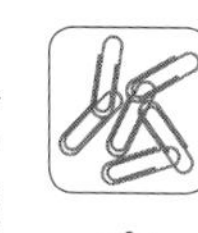

実際の体験談から――中学校の英語（国語）教師、サラ・K先生の場合

今、振り返ると、私の人生において閉塞状況に陥る前のことは思い出せません。おまけに、私

（８）翻訳協力者から、「自分の成長と変化により、自分に期待してしまうのでしょうか。そういえば、教職一年目のころは仕事のスピードも遅く、うまく進まないことも多かったのですが、不思議と落ちこむことが少なかったような気がします。一年目だとこんなものかなあ、と自分を受け入れられていたのかもしれません」というコメントが届きました。

は教育実習を終えてから一年間は教職に就きませんでした。教育実習中に助けてくれた先生たちと同じような運命を辿ると思ったからです。疲れ果て、ストレスがたまり、家族や友達との時間がまったくとれないような状態です。そんな生活を送りたくはありません。それが理由で、すぐには教職に就きませんでした。

そして、銀行員として一年間働いた結果、教師になりたいという気持ちが再び湧きあがってきたのです。教室に戻ることを選び、私は前向きになっていたので、教師という仕事において人生が縛られないことを強く願いました。

しかし、最初の職場は、まさに逃げだしたくなるような状態でした。ストレスだらけで、打ちひしがれ、「とんでもない」ほど時間の拘束があります。新任教師として、八年生の英語と六年生の上級数学を受け持ちました。さらに、教育委員会の英語のコーディネーターと高校のＡＰ(9)コーディネーター、そして中学・高校における才能ある生徒のコーディネーターを務めました。

そういえば、生徒会の顧問の一人にもなりました。それに加えて、片道一時間の通勤時間があったので、私はすっかり疲れ果ててしまいました。しかし、多くの教師と同じように自分に言い聞かせていました。

「これを全部やらなくては、よい教師とは言えない」と。

すでに、私は教職に就くという決断をしたのです。私がいるべき場所だ、と分かっていたのです。だから、この現実を受け止めました。よく分からないけれど、こうした状況は、大学時代に聞いたような「よくある話」と同じだったと思います。

そして、転機が訪れました。最初の子どもを妊娠したのです。妊娠によって、これからの人生をより考えるようになりました。ますます、仕事のために人生を左右されたくないと思うようになりました。できるだけよき母親でありたい、ということです。そこで、家に近く、責任があまりないという条件で教職の求人募集を一生懸命探しました。その努力が実り、すべての問題が解決したかのように思いました。

責任はすっかりなくなったのですが、自分の時間のほとんどを学校で費やすか、家で仕事をするかのどちらかとなり、状況はあまり変わりませんでした。赤ちゃんが家にいるのに夜遅くまで働きましたが、仕事はさっぱり進みませんでした。

私は、メンターとほかの教師に仕事の現況について話しました。その内容は、私が大学生のときに聞いたものと同じでした。

「仕事はいくらでもあるのに、時間がないのです」

そして、「土曜日には子どもを連れて学校に行き、自分が働いている横で遊ばせておけばいい。

（9）（Advanced Placement）の略で、上級科目を意味します。

日曜日は、家族が起きだす前に仕事に行けばいい」と提案されました。

彼らにとっては、かつて自分もやっていたことだから、このような提案は当たり前だったのでしょう。

これまで私は、自分自身と自分の時間をいくら犠牲にしてきたことか。だから、こんなアドバイスは納得できませんでした。仕事量も、満足できない気持ちも、変わることはありません。やればやるほど悪くなります。友達に連絡することもなくなりました。それどころか、話すらしなくなりました。

もちろん、夫とも滅多に話せません。自分を省みる余裕がなく、自分に欠かせないと思っていたものをほとんど諦めざるを得なくなったのです。「これも仕事のうち」と何度もつぶやき、時が流れていきます。

だから、私は変化を望みました。不満だらけで、幸せに感じられない生活に罪悪感を抱いています。それでも、こうした感情をのみこんで、自分自身に「これも仕事のうち」と言い聞かせてきました。

あるとき、ついに現状に納得できない自分の気持ちを受け入れて、助けを求めました。どこか遠くへ、私の望む人生を求めたいと願ったのです。そのとき初めて、現状をありのまま受け止め、情熱を取り戻す旅がはじまりました。今は旅の途中であり、日々改善を進めています。もし、私がありのままの現状を受け止め、人生を変えたいと思えなかったら、成長することはなかったでしょう。

心の疲れや無気力な状態から抜けだすためには、そのタイプやステージを特定するといった、今まで行ったことのないような努力が必要となります。妙なことだと思われるかもしれませんが、このような閉塞状況を受け入れ、引き金となったことを慎重に見つめ直すためにはそうしたことが大切なのです。そうすれば、自分の目標やあなたが大切にしたい人について考えられるようになるでしょう。

弱さをさらけだし、もがいている自分を認め、助けを求めることは決してあなた自身の弱さを示すものではありません。むしろ、ありのままの現状を見つめ、「変わらないといけない」と決意した、勇気ある人と言えます。

それでは、「レベル２　ブランドの確立」に移ります。あなたが今に至った理由と、そこからどう抜けだせるかということをはっきりさせるため、まずは「自己理解」をしましょう。

あなたの振り返り

<table>
<tr><td colspan="2">レベル１　あなたの「今」からはじめましょう</td></tr>
<tr><td rowspan="5">ワークの下準備</td><td>□「バーンアウト」のテストを受ける。</td></tr>
<tr><td>□「サポーター」候補をリストアップする。</td></tr>
<tr><td>□家でのストレス要因をリストアップする。</td></tr>
<tr><td>□自分が大切にしている価値観を挙げる。</td></tr>
<tr><td>□大切にしたい人が誰なのか挙げる。</td></tr>
<tr><td rowspan="4">ワークの手順</td><td>□ステップ１
タイプとステージを特定する。

私のタイプは……

私のステージは……</td></tr>
<tr><td>□ステップ２
この状況に陥るきっかけとなったことを特定する。

私の場合、きっかけとなったことは……</td></tr>
<tr><td>□ステップ３
あなたの大切な「人」が誰か考える。

私が大切に思い、貢献したい人は……</td></tr>
<tr><td>□ステップ４
自分の基本的価値観を見つめ直す。

自分の基本的価値観は……
１
２
３</td></tr>
</table>

バーンアウトのテストで出される質問
（https://www.burnedinteacher.com/burnoutquiz）を翻訳

この質問に答えたあと、名前とアドレスを入力することで結果が通知される仕組みになっています。

質問１　When I think about school, I feel...（学校のことを思うと、私は……）

・Full of dread — Things change day-to-day. What's next?（恐怖しか感じません。毎日毎日変化ばかり。次は何なの？）

・Exhausted — I teach both in-person/virtual/or both and I can't even deal...（もう嫌になっています。教室でも、オンラインでも、うまくいっていないのです……）

・Fine — Another year that feels just like the one before it.（まあまあ良い気分です。毎年、同じような感じですが。）

・Good! — But something feels a little "off".（とても良い気分です！　しかし、何かが少し足りません。）

質問２　The first question I ask myself each morning is:（毎朝、自分に問いかけることと言えば……）

・When is the earliest I can shut it down or leave school today?（今日は何時頃に学校を出られるかな？）

・Am I making a difference when things are so insane?（物事がうまくいかないときでも違いをつくりだせているだろうか？）

・What do I GET to do today?（今日は何がやれるかな？）

・What do I have to do today?（今日やらなくてはいけないことは何だったかな？）

質問3　As a teacher, my main focus is:（教師として、いつも気にかけているのは……）

・Feeling like I'm an awesome (maybe even perfect) teacher.（自分が素晴らしい［完璧な］教師だと感じることです。）
・Increasing my students' engagement, no matter where they're learning from.（何を学ぶにしても、生徒のやる気を引きだすことです。）
・Being done with the stuff that has nothing to do with my kiddos being in the classroom.（生徒には関係のないことに終始しています。）
・Figuring out what to let go of and how to balance everything（何をやめて、すべてのバランスをどのようにとるのか、ということです。）

質問4　Right now other teachers would describe me as:（今現在、ほかの先生があなたを評するとしたら……）

・Stressed（ストレスを感じている。）
・Driven（意欲的である。）
・Giving（寛大である。）
・Balanced（バランスがとれている。）

質問5　As a teacher, I'm mostly concerned about...（教師として、私がもっとも気になっていることと言えば……）

・Having a good work-life balance, yes, even during the global pandemic.（ワーク・ライフ・バランスを整えることです。たとえ、世界的なパンデミックのなかでも。）

・Finding joy and excitement in my day-to-day work.（日々の仕事のなかで喜びや楽しみを見いだすことです。）

・How much I dread every single moment of teaching most days.（授業があるほとんどの日、教えることにどれほどビクビクしているか、ということです。）

・Doing work that impacts kids in a positive way - no matter where they're learning from.（何を学ぶにしても、生徒が前向きに取り組めるような仕掛けをつくることです。）

質問6　My dream teaching job would:（私が夢に描く教職像とは……）

・Make me feel important and let me choose how I go about my teaching.（自己肯定ができ、教え方をきちんと選択できることです。）

・Excite me! I want to love going to work.（楽しめることです！　仕事に行くことが喜ばしいと感じるようになりたいです。）

・Assure me I'm making a difference in the lives of my students.（生徒の人生に影響を及ぼすと実感できることです。）

・Fit in with the rest of my life.（教職は、私が夢に描いた人生にうまくフィットしています。）

レベル2

ブランドの確立

教師としての、あなたのブランド*は？

自分を見つめ、教師としてのブランドを打ち立てる

「信念は考えとなり、考えは言葉となり、
言葉は行動となり、行動は習慣となり、
習慣は価値となり、価値は目的となる」

（マハトマ・ガンディー）**

（*）モノやサービスを購入する際に私たちが気にすることの一つがブランドです。それは、その商品の良し悪しをかなりのレベルで判断させてくれます。それを、個人に応用して考えようということです。言い換えれば、その人の「キャラ」がベストな形で確立している状態です。

（**）（Mohandas Karamchand Gandhi, 1869～1948）「非暴力、不服従」を貫いたインド独立の父です。

問題――あなたは、自分が何者であるかを知らないし、なぜそれをするのか、何をすべきかについても分かっていない

前章において、あなたの閉塞状況のタイプ、ステージ、引き金となるもの、さらには、尽くすべき相手、基本的価値観については分かったでしょう。ここからは、自己理解を深めて、さらに先へと進むことになります。

しっかりとした自己理解は、閉塞状況を克服するための重要なポイントです。自分が何者か分からなければ、自分の足元を見つめて前へ進めませんから。①あなたには教職に就いた理由があったはずですが、それもどこかへ行ってしまったのでしょう。②今の閉塞状況のタイプとステージは、それ以前の状態からはじまっています。おそらく、あなたは目的を見失い、好きなことにも身が入らず、将来を夢見ることさえできなくなっているのではありませんか？

溺れている人が周囲を見回す余裕がないように、閉塞状況に陥っているあなたは、自分自身を見つめられず、日頃から何を考え、信じ、語り、行動しているのかについても分かっていないと思います。自己理解ができていないと、自らの行動の理由も分かりません。朝食に何を食べたのかということから、クラスで生徒にどのように答えたのかといったことまで、日々の行動そのものが無自覚な状態になっているのです。

生徒や自分の子どもから何かを言われて、何気なしに次のように答えたことはありませんか？

「いいじゃない。それでいいよ」

顔を上げてみると、彼らはあなたをじっと見つめており、次の言葉を期待してこう言います。

「ちゃんと聞いていた？」

こんな感じで自分の考えに無頓着になり、日頃から大切にしている信条や習慣についても思考停止状態になってしまうのです。いったい、どういうことでしょうか？　生徒や子どもの声すらスルーしてしまうとは！


ここで、一九九〇年に公開された映画『バーニーズ　あぶない!?　ウィークエンド（*Weekend at Bernie's*）』（テッド・コッチェフ監督）を紹介するとともに例として挙げます。

（1）　翻訳協力者から、「たしかに、自分の現状が分からない状況は不安でしょうし、対策の立てようもありませんね。自己理解がポイントであることもうなずけます。きっと、自分のことを振り返る余裕のない人こそ自己理解は重要と言えそうですね」というコメントをいただきました。

（2）　翻訳協力者から、「この理由について、自分で時々振り返る必要がありますね。きっと、自分が当時感じていた魅力や、情熱を注ぎたい何かがあったと思いますが、それらを忘れかけている場合があります」というコメントをいただきました。訳者の一人も、かつて校長から「大変なこともあるが、初めて教師として校門をくぐったときの、その気持ちを大事に、そのままの気持ちで生徒にあたってほしい」と言われました。

この映画では、バーニーは不慮の死を遂げます。しかし、借家人は、彼が生きているかのように振る舞うことにしました。そう、バーニーの日常行動がすべて行われているように見せかけるのです。ビーチを散歩し、プールサイドで大好きな音楽を聴きながらカクテルを楽しみ、友達と夕食を囲んだりして、バーニーそのものを再現するわけです。

しかし、彼はもうこの世にはいません。何も感じることなく、ただ行動をしているだけの抜け殻です。

こんなふうに、無意識で行動しているとあなたが感じたら、全自動で誰かに運転されているような状態となるでしょう。もちろん、習慣やルーティーンが悪いわけではありません。しかし、ただ単にルーティーン化している行動は、あなたやあなたの人生の目的に何ら寄与することはありません。現在の閉塞した心理状況によって、あなたの日々の考え、発言、行動がすっかり変わってしまっているのです。(3)

一番まずいのは、あなたがまだ悪化したことに気づいていない場合です。昔の信念はどこかに置き忘れてしまいました。あなたは何者で、日々、何をなぜ行っているのかといったことを見失っており、その代わりに、次の二つのような考えが染みついていると思われます。

・何もかもコントロールできている。概ね問題がないようだから、私は実際うまくいっているのだろう。

・私が何をしようと、大した変化はない。何をしようと、何を言おうと、クラスがどんな状況であろうと、職員室にいようがいまいが、何も関係ない。

こうした考えの恐ろしいところは、麻痺してしまっている自分自身を正当化していることです。「自分はコントロールできている」、もしくは逆に「なるようにしかならない」などと言って偽りの自分をつくりだしているのです。「私は私。自分のことは自分が一番よく分かっている」なんて言いながら。

本当のあなたに戻るためには、自分自身を励まし、教師としての「ブランド」をつくりあげていく必要があります。

改善するためのワークの方向性——教師としての「ブランド」を理解する

「レベル1　現状認識」をクリアしているあなたなら、ブランドづくりを通してさらに自己理解

(3)　翻訳協力者から、「忙しすぎたり、考えなければならないことが多かったりすると、『そつなくこなす』ことが第一の目標になる場合がありますね。仕事のさまざまな点を『改善・改良』するのではなく、『遂行』することにシフトしてしまいます」というコメントが届きました。

が深まると思います。生徒や同僚、管理職の助けを借りて、自信をもって示せるブランドをつくりあげましょう。

自分のブランドがどのようなもので、どのようにつくりあげていくのかについては不安もあるでしょうが、大丈夫です。ここで、すべてお伝えします。

実は、あなたの今のブランドを見いだすのは簡単で、あなたの大切な人に尋ねればよいだけです。その人が教えてくれるのは、あなたの基本的価値観と人生の目的とが重なりあっている部分です。あなたのブランドは、あなた自身の発言、行動に根ざしており、あなた自身やあなたの仕事、生活全体にかかわっているものですから、大切な人は分かっているはずです。④

あなたのブランドをつくる、というのは、あなた自身が一貫した言動や生き方をすることです。そのことによって自分が何者で、何ができるかという確かな認識が生まれます。生徒やあなたの家族、同僚、上司、学びあえる仲間といった、あなたと深いかかわりのある人たちなら、教師としてのブランドに根差した個性やプロ意識を見つけてくれるでしょう。

あなたのことを誰が気にかけているかなど、思いも寄らないでしょう。しかし、将来、校長になる人が案外そばにいるかもしれません。そうした人は、あなたのブランドを意識してあなたと話をしますし、将来、あなたと働きたいと思うかもしれません。はっきり言います。あなたの教師としてのブランドは大切なものなのです。

もし、あなたが今のブランドに満足していないなら、改造するか、新しいものに変えましょう。自分のブランドを再構築するのです。(5)

ここでいうところのブランドは、その人に対する評価と必ずしも同じではありません。学校において一番有名な教師になったり、インスタグラムで人気が出ることでもありません。もちろん、高評価を得る動画をつくったり、ティックトックで有名人になることでもありません。**ブランドとは、あなたのよき人柄であり、信条や言動を通してこそ光り輝くものです。**

---

(4) 翻訳協力者から、「具体的にどんな人が考えられるでしょうか。きっと人によって違うと思いますが、家族なのか、同僚なのか、あるいは恩師なのか。自身の発言、行動に根差している人が自分の周りにどれだけ存在するのか、それが知りたい気がします」というコメントがありました。本書では「分かっているはず」と書かれていますが、本当は分かっていないことが多いのではないでしょうか。

(5) この後、原書ではアメリカでの例が続きますが、日本の読者には馴染みがないため割愛しました。日本の例としては、政治家の山本太郎氏を思い起こしてみてください。当初は俳優としてその地位を築き、現在は政党を率いる身となり、そちらのほうで有名になっています。いわゆる「タレント議員」のように知名度だけで当選しているわけではなく、熱心に政策を学び、意欲的に政治活動を行う人という「ブランド」が定着していると言えます。

この章を読み終わるころにはあなたは自己理解を進めており、覚醒した状態で、ブランドを再構築する方法についても分かっているはずです。

人の評価というものは一時のものです。それに対してブランドは、あなたとやり取りをする人との間で何度も繰り返されるパターンに基づいたものです。それは、対面でもネット上においても同じです。ネット上で構築したブランドもあなたの一部なのです。あなたをよく知る人が、あなたの言いそうなことや反応が分かってしまうという状態、それが「ブランドが確立している状態」だと言えます。

周囲の人たち（とくにあなたが大切にしたい人たち）があなたをどのように受け止めているのかを知るために、いくつか質問をします。

・その人たちが校内で話しているところにばったり出会ったら、彼らはどんな反応を示すでしょうか？
・会議やグループ作業をするとき、あなたの隣に座るのは誰ですか？　逆に、あなたは誰のそばに行きますか？
・あなたがもしあなたの同僚だとしたら、あなたのことをどのように評するでしょうか？
・生徒に「自分のことをどのように思うか？」と尋ねてみたとしたら、どのように答えるでしょうか？
・最近、管理職と打ち合わせをしたときのことを思い出してください。どのような内容でした

表２－１　タイプ別に異なっている状態（訳者作成）

	疲弊型	ライフ・ワーク・アンバランス型	無自覚型
人間関係	疲れが目に見えている状態で、腫れものに触れるような扱いをされている。	いわゆる「仕事人間」だと思われている。	当たり障りなく、そこそこの付き合いをしている。
仕事の状態	仕事が少ししか回ってこない。しかし、それでも疲れている。	どんどん仕事が回ってくる。ゆとりがない。	そつなく適度な量の仕事をこなしている。
心理状態	自分がこの場にいても意味がないと思っている。	自転車操業しているような感じ。やってもやっても終わらない。	満足も何もない。刺激がなく、実は退屈な状態。

か？　打ち合わせのあとはどのような気持ちになりましたか？

・校内あるいは校外で保護者とやり取りをするとしましょう。その方は、あなたにどのような態度で接するでしょうか？

この章を読み終わるころにはあなたは自己理解を進めており、覚醒した状態で、ブランドを再構築する方法についても分かっているはずです。

「レベル１　現状認識」では、あなたの過去と現状に関して、外堀を埋めるように分析してきました。今度は、思考停止状態で情熱を失っているあなたの内面を掘り下げて、現在の信条、行動、習慣となっているものを見極めなくてはいけません。

やるべきことは簡単なものですが、認めたくないことが出てくるかもしれません。長らく続いてきた思考停止状態から目覚めていく過程で、これまでにつくりあげてきたあなたのブランドこそが人間関係に悪影響を与え、書類の山を築き、うんざりする状態を生みだしていたことに気づくでしょう。それは、あなたの閉塞状況のタイプによって異なります（前ページの**表2－1**参照）。

ワークの下準備

教師としてのブランドを理解するといっても、がむしゃらに取り組むわけではありません。とはいえ、意識的にやる必要はあります。あなた自身が思う自分のブランドと、ほかの人が思うあなたのブランドとのせめぎあいについて、自分に嘘をつかずに見つめてください。

自己理解は難しいものですが、その先には明るい光が待っています。あなたの五感を駆使して、より良い自己理解を進め、次の段階に行きましょう。たとえば、朝、目を覚まし、日常生活に入るタイミングを思い起こしてください。「目を覚ます」ときと同じような新鮮な気持ちでこれまでのブランドを見つめ直すようにしましょう。

見てみましょう

注意深く、次のことについて……。

・自分の教室や自分の職員室の席、初めてそこに来たとしましょう。どのような印象を受けますか？
・今の自分の姿、鏡の中の自分をよく見てみましょう。大切な人のために働く準備ができているように見えますか？
・自宅や車、家のドアを開けたとき、車に乗りこんだとき、同僚が一緒だとしたらどうでしょう。あなたの家や車は、どんなブランドを物語っているでしょうか？
・自分のＳＮＳを生徒や保護者、将来の校長が目にしたとき、そのＳＮＳはどのような物語を語ってくれますか？

聞いてみましょう

思い起こしてみてください。
・頭の中の自分との対話。
・同僚や管理職との会話。
・教室での生徒との会話。
・廊下でのちょっとした会話。
何が聞こえてきますか？　どのような特徴がありますか？　心に思い浮かべるか、あるいは実際にノートなどに書いてみましょう。あなたや同僚から聞こえてきそうな言葉やフレーズはどのようなものですか？

嗅いでみましょう

周りにいる先生のブランドの「におい」を感じとってみましょう。実際に校内をめぐりながら、あるいは各教室を頭の中で散歩しているつもりになってください。おそらく、これまでは人通りの多いところを避けてきたことでしょう。そうであるならば、なおさら「嗅ぎ回る」チャンスとなります。

・ほかの先生の教室を歩いたとき、どのような感じがしましたか？
・ほかの先生の教室は、その教師の何を物語っていますか？
・ほかの先生は、どのような言葉を使っていますか？
・普段、ほかの先生は自分をどのように見せていますか？

ボイスメモかノートを使って振り返りましょう。こうした問いについて、校内を歩きながら考えるのです。(6) 始業前か放課後、教師が少ない時間帯を選んで、怪訝(けげん)に思われないようにしてください。

接触してみましょう

信頼できる人に連絡し、直接話すというのはどうでしょうか。こんな感じで聞いてみます。

・私のことをひと言で言い表すとしたら、どのような言葉が浮かびますか？　気を遣わなくても大丈夫です。それが私のブランドなのでしょうから。（次のように言われるかもしれません。「ブランドだって？　ブランド物なら一つ欲しいが！」）

・生徒やほかの先生、校長に、私の授業や私のことを聞かれたら何と答えますか？　気遣いなく言ってください。

・あなたの生徒を私のクラスで学ばせたいと思いますか？　その理由も聞かせてください。

相手の許可をとってから、返答や会話そのものを記録するようにしてください。五感を研ぎ澄まし、自己理解を進めている段階に入っていますから、これまでとは違った形で話が聞けるでしょう。

（６）　日本の学校では、日直の先生が放課後に校舎を回って戸締りなどの点検をするという習慣があります。若いころ訳者は、先輩教師から、「日直の際にはいろんな人の教室のさまざまなことを見て、感じて、学んだり、真似したりするように」と言われました。まさに、本文のことに通じます。

味わってみましょう

生徒や同僚が、教師としてのあなたのブランドをどのように感じているのか、「吟味」してみましょう。自分が現在行っているブランド化や、あなた自身の評価について尋ねるよりも、その人がほかの先生のブランドをどのように感じ取っているのかについて聞き取るところからはじめたほうがやりやすいかもしれません。

・あなたが日頃言わないようなこと、もしくはやらないことをしてみましょう（もちろん、理由もなく、ではダメです）。そのときの、周りの人の反応を見てみましょう。どのような感じですか？　何と言うでしょうか？

・生徒に教師としてのあなたについて、またはあなたのクラスについて意見を求めてみてください。「このクラスで一番楽しいのはどんなとき？」、「私のことをどれくらい知っていますか？」、「このクラスで変えたいことがあるとしたら、それは何ですか？」、「もし転校生が来たら、クラスや私のことをどのように伝えますか？」

・あなたが人に言ってもらいたい言葉をすべて書きだしてみましょう。表面的な言葉からはじめて、より深く掘り下げていきます。大切な人たちに、どのようなタイプの人間だと言われたいのでしょうか？

調査をしましょう

さまざまなところに行って、大切な人たちがあなたのことをどのように言っているのか聞き取ります。グーグルフォームやサーベイモンキーのような簡単なアンケートソフトを使えば、簡単なアンケートがとれます。(7)

「私のことを思い出したとき、あるいは私の名前が聞こえてきたとき、どのような言葉が思い浮かびますか？」

こうした質問に対して、あなたの想定に基づいた選択肢を設けてもいいでしょう。オープンエンドにしてもかまいません。どのようにするか、あなた次第です。調査の結果は、あなたが最初につくったリストと一致していますか？　どの言葉が近いですか？　それとも全然違いますか？

五感を通して観察した情報が集まったところで、じっくり考え、その傾向をつかみます。仲間と一緒に結果を眺めてみましょう。結果について仲間とよく話せば異なる視点が得られるでしょう。また、自分の気づいたことを仲間に示して一緒に振り返れば、あなたの価値観や目的をより

(7)　サーベイモンキーは、個人、法人に向けてのアンケートソフトです。基本的に有料となっています。

良く示してくれるブランドが見えてくるかもしれません。もう一度よく見直せば、一歩を踏みだす道が見えてくるでしょう。

ワークの手順

私が閉塞状況を打破しようと真剣に取りかかっていた二〇一四年に、アンソニー・ロビンズ（Anthony Robbins）が著した『一瞬で「自分の夢」を実現する法』（本田健訳、三笠書房、二〇〇七年）を読みました。そこにはこう書かれていました。

> 普段使っている言葉（自分の気持ちを表現するために使っている言葉）を変えるだけで、たちどころに考え方、感じ方、生き方を変えることができる。（前掲書、一六一ページ）

読んだときには気づきませんでしたが、ここで著者が言っているのは、まさに個人としてのブランドの確立そのものです。五感を用いて考え、信頼できる人と話していけば、あなたがここまで調べたことも役立つと思います。このあとに示す手順を通して、長いスパンでブランドを改善していきましょう。

ステップ１　自分の人生の実現目標を理解する

「レベル１　現状認識」では、自分の基本的価値観を二つに絞りました。もう一度声に出してみましょう（忘れてしまっているとしたら、基本的価値観とは呼べないかもしれません。選んだものが本当にそれでよかったのか、考え直したほうがよいでしょう）。

ここまで話してきたように、基本的価値観はあなたの教師としてのブランドを確立するためにとても大切な要素となります。あなたの人生における実現目標を設定するためにも必要なのです。以下で、その簡単な手順を示しましょう。

あなたの仕事上での目標が、教師としてのブランドを決定づけます。言うなれば、あなたが誰のために尽くすのか、何を、どのように、なぜそうするのか、ということです。それに加えて、その目標にあなたの基本的価値観となる言葉を二つ入れるとよいでしょう。ちなみに、次のような文章になるでしょう。

「私は**【価値観１】**と**【価値観２】**を大切にします。私は**【大切な人】**が【　　　　　　】を理解する／行うために尽くします。なぜなら【　　　　　　】だからです」

二つの例を挙げておきましょう。

「私は、**優しさ**と**自信**をもつことを大切にします。生徒が自分自身について考え、自己決定し、優しい行動を選択するように私は尽くします。また、自信にあふれたリーダーを生みだすために尽くします。なぜなら、未来は生徒の手にかかっているからです」（幼稚園の先生）

「私は、閉塞状況と格闘している教師に**情熱**を見せ、教師が**自己啓発**できるよう働きかけることに尽くします。仕事や人生のうえで次の一歩を踏みだすための活動や啓発、サポートを通して励まします」（私［著者］のもの）

太字の部分が基本的価値観です。あなたの実現目標も入れて作成してみてください。

それでは、実現目標を見てから鏡で自分の顔を見てみましょう。その次に、あなたのクラスを見渡してみましょう。みんなに対してその目標を発表するにあたって、自らの状態をチェックしてみましょう。

あなた自身について……

・休養は十分ですか？　それとも疲れ果てていますか？
・表情は前向きな感じですか？　それともネガティブな感じですか？

訳者コラム

訳者と翻訳協力者の実現目標

訳者の私も実現目標を書いてみました。また、翻訳協力者にも依頼して、同じく書いてもらっています。

「私は、**学ぶ楽しさ**と**イノベーション**を大切にします。私は生徒や一緒に働く教師が**学ぶ楽しさ**を心から味わえるよう、学校文化を**イノベーション**（新しくて、より良いものを創造*）するために力を尽くします。なぜなら、学校が変わり、そこにいる人が変わることこそが世界を変えることにつながるからです」（訳者）

「私は、**率先垂範**と**楽しく働くこと**を大切にします。私は、若手教員が大幅に増えているなか、これまで先輩方から教わってきたことや学んできたことを先頭になって伝えていくとともに、働きやすい環境を整え、楽しく仕事をすることで充実感が得られるように働きかけていきたいと思います」（Aさん）

「私は**シンプル**と**伝わったときの喜び**を大切にします。私は、生徒が素直に自分の考えや思いを表現するために尽くします。なぜなら、コミュニケーションの難しさと楽しさを味わってほしいからです」（Bさん）

「私は**コミュニケーション**と**エンパワーメント**を大切にしています。生徒や同僚たちとよい人間関係を築き、心から信頼して、学びの主体性を委ねていきたいと思います。なぜなら、自分自身の力で夢中になれるものを見いだすことができれば、生涯学び続けるようになるからです」（Cさん）

「私は、**思いやり**と**探究心**を大切にします。私は、生徒や一緒に働く教職員が互いのよさや違いを認めあい、協同しながら誰もが安心して暮らせる社会と平和な世界を実現できるように力を尽くします。また、生徒が自分自身の問いを探究していけるように力を尽くします。なぜなら、未来は生徒自身の手で切り拓いていかなければならないからです」（Dさん）

(*) 学校でのイノベーションのあり方を紹介してくているのが『教育のプロがすすめるイノベーション』です。ぜひ参照してください。

あなたのクラス状態について……

・きちんと機能していますか？　机は整理されていますか？　教室はきちんと整頓されていますか？　もしかしたら、その日の計画や資料が探せないような状態で、いつも書類をひっくり返したり、スケジュールを変更したりしていませんか？

・逆に、きちんとしすぎていて「整理オタク」に成り果てていませんか？　すべてが完璧で、色分けされているとか、ＳＮＳに投稿できるくらいの状態を保とうとして、かえってストレスを感じていませんか？

自分自身やクラスのことを発表するために考えることは、虚栄心を満足させるためではなく、うまい話のように見せるためでもありません。教師としてのブランドをつくるということは、あなたが変化した事実を示すものではありません。むしろ、あなたが元々もっていた信念、行動、大切な人への言葉、価値観、行動目的を、周りの人にはっきり分かってもらうためのものです。

ブランドは、自分自身への眼差しであり、世の中に向けての自己プロデュースの手立てとなるものです。正しいブランドをつくれば、あなたを強力に後押しします。

それに対して、誤ったブランドが浸透してしまうと閉塞状況を加速させてしまいます。誤ったブランドは、世の中に対して本当の自分を示すことにならないからです。

それでは、このワークを一段階進めることにしましょう。心に留めておいてほしいのですが、このワークはあくまで仕事上での実現目標と教師としてのブランドにまつわることだけですので、学校外での生活に関しては触れていません。あなたの人生全体を導く大きな目標も、今後はつくっていきましょう。

ステップ2　あなたの考え方と「思考の習慣」を変える

ブッダはこう言いました。

「考えたことは実現する。感じたことはそのとおりになる。想像したことは生みだせる」

人生において大きな変化を起こそうとしているなら、この言葉を心に留めておきましょう。仕事上においてあなたが現状に至った理由をここまで振り返ってきましたが、ある時点で、恐怖、不安、ストレスを感じた外部からの刺激がその要因であったことは分かっていると思います。しかし、あなたを閉塞状況へと追いこんだ、過去何週間、何か月、何年にもわたる習慣、また傾向となってしまった考え方がどのようにあなたの内側に形成されてきたのかについてはまだよく分かっていません。

自分の考え方の傾向を見極め、その方向性を変化させることが閉塞状況を改善するための大きなポイントとなります。頭の中の深い部分からはじめ、悪い傾向を改め、正しい精神状態を得ること、そうすれば人生は正しく進むようになるでしょう。

精神科医で著述家のダニエル・J・シーゲル(8)は、「名づけられるものならば、手なずけることができる」と言いました。ご存じのとおり、何かに名前をつけるということが、考え方やその過程において極めて重要なのです。そして、それを別の名前に上書きしてしまおうというのです。あなたの内なる声は、あなた自身を停滞させるものでもあり、あなたの人生によい変化をもたらします。

心の中の声の主となる「キャラクター」を取り入れましょう。そうしたキャラクターに名前をつけてしまえば、扱いやすくなります。あなたを停滞させるキャラクターと、ゴールに向けて背中を押し、変化を起こそうとする、あなたを勇気づけてくれるキャラクターを設定するとよいでしょう(**表2-2**参照)。

私の場合、キャラクターには名前があり、それがそのときの感情を反映するものとなっています。彼らの名前と、彼らが囁(ささや)きかけてくる声は次のような感じです。

完璧主義の「**かんちゃん**」は、「完璧にやれないならやる意味がない」などと言って、嘘や不満を生みだします。

お手上げの「**てっちゃん**」は、「やることが多すぎる! どこから手をつけたらいいか分からない!」などと言ってパニックを起こしたり、ストレスを感じさせてくれます。

表２－２　「停滞させるキャラクター」と「変化をもたらすキャラクター」

停滞させるキャラクター	変化をもたらすキャラクター
完璧主義の**かんちゃん** 「完璧にやれないなら、やる意味もない」 心の中では……嘘、不満	試行錯誤の**しいちゃん** 「私は新しいことに挑戦する勇気もあるが、ミスもあるだろう。でもそこから学べるのだ」 心の中では……自信、ワクワク
お手上げの**てっちゃん** 「やることが多すぎる！　どこから手をつけたらいいか分からない！」 心の中では……パニック、ストレス	一歩一歩の**いっちゃん** 「私の目標に大きく作用するこの一歩に集中しよう」 心の中では……焦点化、計画
ネガティブな**ねいちゃん** 「まただ。なんで、いつも私ばっかり……」 心の中では……怒り、不機嫌	前向きな**まっちゃん** 「やればできる。難しくても関係ない」 心の中では……感謝、平穏
心配性の**しんちゃん** 「もし……だとしたら？」 心の中では……恐怖、いら立ち	川の流れのような**かわちゃん** 「どうにもならないことにくよくよしてもしょうがない」 心の中では……明快、熟考
スーパーマンの**すーちゃん** 「何でも私一人でできる」 心の中では……孤立、お手上げ	人間の**にいちゃん** 「時間の許すかぎり、できることをやろう。必要であれば、ほかの人の手を借りよう」 心の中では……柔軟、覚悟
くよくよする**くうちゃん** 「私にとっては、すぎた願いだったんだ……」 心の中では……劣等感、無力感	できる**でんちゃん** 「きっとできる、私にはその力がある」 心の中では……肯定感、有用感

（注）原書では、英語の綴りに従って頭文字をとったキャラクター名がついていますが、邦訳書では日本語の頭文字から設定しました。

ネガティブな「**ねいちゃん**」は、「まただ。なんでいつも私ばっかり……」とか「そうなんだ、いつだってそうだ」と言って、怒りや不機嫌な気持ちが湧きあがります。

心配性の「**しんちゃん**」は、「もし……だとしたら?」と言って、結局は悲観的な結論に陥ってしまいます。そして、恐怖やいら立ちをもたらします。

スーパーマンの「**すーちゃん**」は、「何でも私一人でできる」と言いますが、心の中では孤立していて、お手上げ状態となっています。

くよくよする「**くうちゃん**」は、「私にとってはすぎた願いだったんだ……」と言いはじめ、現状を変えられないだけでなく、できそうもないことに対する言い訳を並べ立てています。

分かりますか? これらのキャラクターは、あなたをがんじがらめの状態にするものです。立ち往生、悲観的、お手上げ、恥などといった感覚そのものです。ここが変えるべきポイントで、こうしたマイナスの言葉が毎日の思考習慣になってしまうと、あなたの運命にも大きな弊害をもたらすことになります。

自然科学の研究によれば、日常行う思考の八〇パーセントはネガティブ思考だそうですが、この事実をご存じでしたか? 何と全体の八割なのです。加えて、今日行う思考の九五パーセントは昨日の繰り返しだ、とも言われています。

これで、「ステップ２」の初めに「思考の習慣を見直そう」と言ったことの理由がお分かりですね。まずは思考の習慣から変えていかなくては何も変わりませんし、本書に書いてあるいかなる行動もできないのです。

こうした嫌なキャラクターたちをやっつけるために、あなたの手助けをし、「変化をもたらすキャラクター」を紹介しましょう。

彼らは「停滞させるキャラクター」たちと闘うあなたを応援し、思考の習慣や行動を変えてくれる存在です。最初に述べたように、「考えたことは実現する」のです。それでは、変化をもたらすキャラクターの声を聞いてみましょう。

試行錯誤の「**しいちゃん**」は、「私は新しいことに挑戦する勇気はあるが、ミスもするだろう。でも、そこから学べるのだ」と言ってくれます。ここから、自信やワクワク感といったものがもたらされます。

一歩一歩の「**いっちゃん**」は、「私の目標に大きく作用するこの一歩に集中しよう」と言います。そして、物事を焦点化してくれるほか、構造化してくれます。

（８）（Daniel J. Siegel）『子どもの脳を伸ばす「しつけ」』（桐谷知未訳、大和書房、二〇一六年）をはじめとして、五冊が邦訳出版されています。

前向きな「**まっちゃん**」は、「やればできる。難しくても関係ない」と言って、感謝の気持ちを引きだし、平穏な心持ちにしてくれます。

川の流れのような「**かわちゃん**」は、「どうにもならないことにクヨクヨしてもしょうがない」と言うので、明快で、じっくりした考えに至ります。

人間の「**にいちゃん**」は、「時間の許すかぎりできることをやろう。必要であれば、ほかの人の手を借りよう」と言います。そして、柔軟さとともに決心をもたらします。

できる「**でんちゃん**」は、「きっとできる、私にはその力がある」と言います。そして、肯定感と有用感を生みだしてくれます。

多くの教師や管理職が、変化するタイミングで、こうしたキャラクターを自分の内面や同僚から発見します。さらには、生徒のなかから見つける場合もあります。それによって、互いのコミュニケーションを変え、日々の習慣や目標に向かう行動まで変えていくのです。

このワークは簡単なものです。心の中で完璧主義の「**かんちゃん**」が、「うまくいっていないね。完璧に計画したはずなのに」と囁き(ささや)はじめたら、あなたはライバルである試行錯誤の「**しいちゃん**」を呼びだし、「**かんちゃん**、分かっている？　新しいことにチャレンジする勇気があるんだから十分満足でしょう。きっとうまくいく。たとえうまくいかなくても、試行錯誤から学ぶことは大きいはず」という声を聞きます。

お手上げの「**てっちゃん**」が、「今日はやることが多すぎる！　どこから手をつけたらいいの？」と声を張りあげたとしましょう。あなたは落ち着いて、一歩一歩の「**いっちゃん**」に来てもらい、次のように言ってもらうのです。

「たしかに、やることはたくさんある。でも、自分のため、大切な人のために、見通しをもって、まずは一番大事なことに焦点をあわせましょう」

こんな感じです。あなたの心の中に誰かが入ってきたなら、次のように問い直すのです。

「停滞させるキャラクターが来たのかな？　それとも、変化をもたらすキャラクターが来たのかな？」と。

そうすれば、次にすべきことが見えてくるでしょう。

自己理解を深め、信念や思考、言動に基づいた教師としてのブランドが確立していくにつれて、日々の課題に対して前向きになっている状態にあなたは気づくでしょう。そうした気づきを日々の生活に活かしましょう。そうすれば、厳しい状況が訪れる前に自ずと準備が整います。人生の課題、あるいは仕事上での困難が降りかかってきても、深呼吸をして、あなたのブランドを思い出して問い直すのです。たとえば、こんな感じです。

「この会議に参加したくないと思わせる私の価値観は何だろう？　どうすれば、この会議で私の

図2−1　変化をもたらすキャラクターの言葉

※左の写真から（左上）

◎前向きな「まっちゃん」、「難しいこともやればできる。困難があったとしても私の姿勢は変わらない」

気持ち……平穏、感謝、前向き

物事がうまくいかないとき、難しい問題に直面したとき、落ちこんだときには、「まっちゃん」のように考えよう。

※右の写真から（右上）

◎一歩一歩の「いっちゃん」、「私は最初の一歩に集中し、歩み続けることを大切にする」

気持ち……焦点化、計画、熟慮

立ちすくみ、どのように動いたらいいか分からないときは、「いっちゃん」のように考えよう。

変化をもたらすキャラクターは、生徒についても、思考習慣を変化させるのに役立つとお気づきでしょう。これは、成長マインドセットを確立する基本のステップと言えます。（写真提供、Nicole Eveland）

意見を反映させられるのだろうか？　どうすれば、私の基本的価値観をうまく活かせるかな？」

「このとんでもないクラスに立ち向かうために、まずはジェームズがパニックになったり、シェイラが課題をやらなかったときのことを想定しよう。自分の目標に照らしあわせて、どのような対処をすればいいのかな？」

どちらにせよ、益あって害少なし、というわけです。

次のステップでは、あなたの困難な状況についてより深く掘り下げていきます。しかし、これが、あなたにとって困難な相手や日々の場面に光を当てる大切な段階となります。それを解き明かしていけば、事前に教師としてのブランドに基づいた対処法の準備ができるでしょう。

ステップ3　自分の習慣を理解する（誰が、いつ、どこで、何を、なぜ）

閉塞状況から抜けだしつつある今、あなたにはよき習慣が必要です。ここで言うのは、歯を磨くとか、「もしもし」と電話で言うような日々の習慣のことではありません。現状を変えるために、あなたにまつわる習慣を変えるのです。

ここまで、頭の中身をコントロールし、思考の習慣を変えてきたように、ほかの人とかかわりあう方法を変えていきましょう。あなたの時間をどのように用いて、いつ、なぜそれをするのか、という点に注目します。

誰？ もっともかかわりあっている相手は誰ですか？ なぜ、その人なのですか？ その人は、あなたの教師としてのブランドに前向きな影響を与える人ですか？ それとも違いますか？

何？ 今の閉塞状況に影響を与えている、考えていることや行っていること、言っていることは何ですか。それはどのような影響を与えていますか？

どこ？ あなたがもっとも時間を使っているのはどの部分ですか？ 廊下をブラブラ歩くばかりで、仕事が進まないなんてことはありませんか？ そうしたことがあなたのブランドにどのような影響を与えていますか？

いつ？ 教師としてのブランド、プライベートでの成長のためにどのような時間をつくっていますか？ 「明日やればいいや」などと思ってしまうような習慣はないですか？

なぜ？ あなたが行っているその習慣は、なぜやっているのですか？ 閉塞感の要因になっていませんか？

ステップ4 「蟹（かに）の足の引っ張りあい」をやめる

ここで、「蟹の足の引っ張りあい」という話を紹介しましょう。今、私がつくった話ではありませんよ。似たような話がいろいろとありますが、私が伝えたいのはこんな話です。

ある日、朝早く、あなたは砂浜で日の出を見ようと思いました。その場に着いて、優しい波に足を洗われながら波打ち際の散歩をはじめます。しばらく歩くと、小さな蟹が一匹、隣で歩いているのに気づきました。あなたはそれをそっと拾いあげます。子どもが生きて動いている蟹を見たら喜ぶだろうと思ったからです。車に戻り、子どもが起きるまでバケツに入れておきました。

　時が過ぎ、子どもたちが起きだしてきます。あなたは勇んで、子どもたちをテラスのバケツのところまで連れていきます。しかし、バケツは空っぽ。逃げだしてしまったのでしょう。蟹がバケツを上れるなどと、思いもしなかったのです。長い時間放置しているうちに、蟹は這(は)いだして、そっと海に戻っていったのです。

　あなたは子どもたちに約束します。必ず明日もまた早起きして、（バケツを持って）砂浜に連れていく。そして、日の出のころに一緒に蟹を捕まえよう、と。

　翌朝、蟹がたくさんいました。子どもたちは、最初は不機嫌だったものの、一〇匹くらいの蟹を次々とバケツに入れていきます。楽しい時は過ぎ、今度は、蟹がバケツを上っていく様子を見たくて子どもたちが楽しみにしています。ところが、一匹の蟹が上っていこうとすると、別の一匹が引きずり下ろしてしまうのです。一五分ほどして、上の子どもが訴えました。

「逃がしてやろうよ。お互いに傷つけあっているじゃないか！」

　あなたは逃がしてやりました。そして、昨日のように、蟹はそっと海に戻っていきました。

ご存じないかもしれませんが、蟹を数匹バケツに入れた状態のとき、あるものが逃げだそうとしているとほかの蟹がその足を挟み、ついには殺しあいにまで発展してしまうのです。これが「蟹の足の引っ張りあい」と言われるものです。

一匹だけなら、蟹は最善の利益と分かっていることを心の赴くままやり遂げられたでしょう。バケツを上り、家に戻る――安泰です。

しかし、同種の生き物に囲まれていると、同じ蟹であったとしても、バケツの中に居続けなければならないのです。嫌でも、ゴチャゴチャとした苦しいところに留まっています。最善の行動をとろうとすると足を引っ張られ、命の危険に晒されるのです。

もちろん、私たちは蟹ではありません。バケツの中にいるわけでもなければ、頑張って海に戻ろうとしているわけでもありません。しかし、みんな、「不自由でも、横並びでなければ気がすまない」という人たちに囲まれていることに気づいているでしょう。自分と違う考え方や感じ方、信条や生き方をする人がいようものなら、自分たちのところまで、不幸な場所まで引きずり下ろさなければ気がすまないと思って、実行してしまう人たちがいるのです。

こうした人たちを私は「足の引っ張り屋」と呼んでいます(9)。

さらに恐ろしい現実を伝えるならば、私たちを愛し、気遣ってくれる人たちこそが、いつもどおりの日常から飛び出て行動しようとする人を見た瞬間、「危ない」と思って足を引っ張ってしまうのです。よかれと思って（落ちる危険から守ろうとして）この場に留まらせ、いつもどおりに行う理由を並べ立てて説得してくるのです。

実は、進むも止まるも厳しく、危うく、恐ろしいことなのです。幸いにも、あなたは蟹ではありません。しかも、バケツを飛びだすためのスキル――あなたがこれまで気づかなかったプライドや自信、検証する意志、好奇心――を身につけようとしているのですから大丈夫です。

ステップ5　あなたに影響を与える人を五人選ぶ

これまでと異なる考え、感覚、信条、生き方に価値があり、やってみたいと思うようになった今、あなたは新しい人の輪に入る必要がある、と感じるでしょう。より良い自分を目指し、新しい習慣を身につけようとするならば、足を引っ張るような人よりも自分をもちあげてくれる人を望むという考え方は当然と言えます。

過去のしがらみから自由になる、決して簡単なことではありません。ストレスを減らそうとしているにもかかわらず、足を引っ張る考えや言動であなたにストレスをかけ続けてくる人との関

（9）翻訳協力者の多くが、この部分を読んで「出る杭は打たれる」という諺を連想しました。日本は、とくにこの傾向が強いのかもしれません。

係を断ち切るというのはとても難しいことです。過去の交友関係から解放されるための方法を考えていきましょう。

一緒に閉塞感のぬるま湯に浸かり続けていた人たちと決別するのです。あなたは蟹ではないのですから、不幸な環境に住んでいる現在の状態が理想ではないはずです。劇的な変化を期待することもなく、周囲に足を引っ張られることもなく、あなたはただ静かに自分の道を選び、進むべきなのです。

あなたを鍛え、助け、触発してくれる人たちが周りにいるといった環境をつくりましょう。影響を与えてくれる人を五人、現在や過去の職場、コミュニティー、PLN（二九ページを参照）など、どのようなつながりからでもいいので選びましょう。

教師としてのブランドを確立するというのは、違う自分になるという意味ではなく、むしろ自己理解を深め、自分を励ますことです。ここでのワークを実行しようとすれば、自ずと何かを考え、感じ、信念を思い出し、これまでしてこなかったことを行うようになるでしょう。

ブランドを特定するのは大変なことで、それをつくり直すというのはさらに大変な作業です。土台として、あなたはこれまでの自分をしっかり理解しています（レベル１　現状認識）。次は、大切な人たちに対して、あなた自身をどのように示していくのかという段階です（レベル２　ブランドの確立）。あなたが自分の世界のなかで変わっていけばいくほど、より高みに達していくはずです。そして、閉塞状況からまた一歩抜けだし、より良い教師となっていくのです。

課題を乗り越える

新しい視点から自分自身に目を向けるという営みには、要求が多いものです。ありのままの自分を直視する勇気も必要でしょうし、このワークに対する疑問もあるでしょう。しかし、教師としてのブランドに基づいて行うべき習慣をはっきりとさせるためには深い自己理解が不可欠となります。習慣というものは、あなたの応援団になってくれそうな人を味方にすることもあれば、遠ざけてしまう場合もあるのです。

今までと異なる結果が欲しければ、何か変化を起こさなければなりません。とはいえ、あなたが歩いたり止まったり、何かをはじめたりやめたりするといった変化に眉をひそめてしまうといった同僚や生徒がいるかもしれません。

「教員ラウンジや廊下で世間話をしなかったら、同僚は私のことを変だと思うでしょう」[10]

たしかに、厄介な問題です。教員ラウンジには人が集まり、人気のある教師が世間話をしています[11]。私の場合は、仕事（評価や授業計画、メールの返答など）をしながら昼食をとるといった習慣が身についているので、どの学校においても、滅多に教員ラウンジに立ち寄るといったことはありませんでした。一緒にその日に起こった嫌なことを話したり、校長の悪口を言ったりする意味が分かりません。やるべきことがたくさんありましたので、こうした会話が私の考え方にプラスになるとは思えませんでした。

「付き合いが悪い」と指摘する人がいたとしても、礼儀正しく振る舞い、自分の時間の使い方を大切にしましょう。「仕事を早く終わらせて、家で充実した時間を過ごしたいのだ」と言ってしまってもいいのです。あるいは、思い切って、この手の「ネガティブな会話は嫌いだ」と伝えて、自分のブランドに照らして、今できることや大事にすべき生徒のことに「集中したい」と言ってもいいでしょう。

生徒や家族のために一生懸命に働く前向きな教師たちがあなたに気を払うようになれば、まともな教師たちであればそのメッセージを受け取るでしょうし、会話だってより前向きなものになっていくはずです。

「変化しようと頑張るのは、しょせん一時的なものでしょう」

たしかに、一年の初めに今年の抱負を立てることが多いのですが、ほとんどの人は二月がはじまるころには忘れてしまっています。しかし、今回は抱負ではありません。あくまでもブランドなのです。あなたがどこに行こうがつきまとうものなのです。

自分のブランドに基づいた言動を生徒や同僚が好奇の目で見ていたとしても、顔を上げて、できる**「でんちゃん」**を呼びだして言ってもらいましょう。

「私は自分のブランドを変えることができる。それが、私の仕事や人生にきっとプラスになるのだ」と。

「悪い習慣を変えるのは無理です。二〇年以上もその考えや友達と付き合っているのですから」

変わるというのは難しいものです。習慣もなかなか変えられません。でも、このひと言なら言

---

(10) 欧米には日本の職員室に相当するものはなく、ランチを一緒に食べたり、会議をしたり、雑談をしたりするスペースとして大きめの教員ラウンジがあります。

(11) 翻訳協力者から、「小学校の放課後の職員室によくある風景ですね。学級担任など、自分の教室がある人は場所を変えて仕事ができますが、管理職は……」というコメントがありました。訳者の一人は中学校教員なので、放課後といえば会議か部活動ですから、こうした状況があるのは意外でした。

えるのではないですか。「そろそろ、やらないことにしよう」と。[11]

あなたは、自分の信念に基づいて習慣を形成しているはずです。習慣とは、選択そのものです。選択は変えられます。ただし、毎日どこへ行くのか、誰と話すのか、何をするのかを意識すれば、の話ですが。

もちろん、生徒に悪態をつかれたときなどには、親友と愚痴の言いあいをすることもあります（これは私の例ですが）。しかし、その行為自体が、あなたの自己理解や信念、考えを物語ってしまうのです。

もし、あなたがラウンジで誰かの悪口を不用意に言いはじめようとしたなら、自分に「もうやらない」と言い聞かせるのです。同僚と一緒になって校長の悪口を言おうとしたときも「もうやらない」、書類が机の上で束になってしまったときも「もうやらない」、ある生徒の家庭について話していたのに、急にあなたが会話から離れていったことに疑問をもった人に対しても、堂々と「もうやらないことにした」と言っていいのです。シンプルですが、効果的な方法です。

実際の体験談から——クリス・Y（学習コーディネーター）の場合

私は小さいころ、大人になったら何になりたいのか、よく分からない子どもでした。大学時代は高校のレスリング部でコーチをし、楽しんでいました。大学時代の後半には生物学に専攻を替えました。

教職に就いてすぐ、罪悪感を抱くようになりました。仕事は楽しかったのですが、周りの教師に比べて、教えることに生きがいを感じませんでした。ほかの人と違って、子どものころから教師になりたかったというわけではありません。やっていることは楽しく、生徒ともうまくやっていたのですが、同僚がもっているような情熱を共有することができず、教師としての仕事に満足していませんでした。

あわや、私は教職を離れる若者の一人になるところでしたが、そのころ、ＩＣＴが生徒や教室に与える影響の大きさを目の当たりにしたのです。すぐに私は、ＩＣＴを使った授業に夢中になりました。生徒たちはＩＣＴの楽しみについて語りあい、私は職員会議でそのことを発表しました。

私は学校に変化をもたらし、かつてないほど生徒にも影響を与えていました。ただし、この新しい情熱を傾けられる分野の仕事をすっかり任されてしまいました。所属する教育委員会やほか

---

(12)　翻訳協力者から、「何かを『やる』のではなく、ネガティブなことを『やらない』という視点は今までありませんでした。自分のブランドを『変える』ためには今の自分に何かを足さなければ、と思いがちでした」というコメントが届きました。最近は、「やらない」ことを示す自己啓発の本も増えてきているようです。

の人からも、です。私については、このブランドしか周囲に知られていなかったのです。

本人が認めようと認めまいと、教師であれば誰でも、生徒間、教職員間、そしてコミュニティーのなかにおいて評価やブランドがついて回ります。たとえ本人が意図して望んでいる評価でなくても、それをコントロールすることはほとんどできません。

情熱を傾けて追い求めているのにそれができないという状態は辛いものですが、同時にそれは強い動機にもなり得ます。私は、生徒が学びを好きになるように願って教育活動することがいかに好きか、また、それを人と共有することに価値を感じていました。よって、再び何かを任されることを避けるため、生徒と私が教室で行っている楽しみや学びを表現するブランドを構築する必要があると気づきました。そして、それ以上に柔軟性をもつ必要があると知りました。

志を同じくする教育関係者がアイディアをぶつけあう様子を見て、私は「エドテック・ヒーロー」[13]というブランドで、PLN（二九ページを参照）をはじめました。そして、日々の教室での出来事をツイッターで公開するようにしました。地域でも、州の研究会でも発表しました。自分のメッセージを拡散する機会を手中に収めたのです。目立ってしまうのは分かっていましたが、自分を偽らずにやることにしました。

私はスニーカーが好きなのですが、その話題が生徒と私をつなぐものとなりました。教室は私にとって安全地帯となり、イカしたスニーカーを履いていけるようになりました。

一方、教師としての期待があるときには「プロの教師クリス」モードに変身し、教室の枠を超えて活躍しました。このような状況になるまで少々時間がかかりましたが、読者のあなたには、「ブランドを構築する際には、自分に正直でいる必要がある」と言いたいです。

自分が何者であり、何を大切にしているのか、どこへ向かっていきたいのかを自分自身が受け止めてからすべてが変わりました。成功を見いだし、私の大切にしたいことは学校を超えて広げられるようになりました。

今の現場では、夢のような仕事を任されています。かつて所属した教育委員会からは、「基調講演のあとでプレゼンをするように」と依頼されました。私が私らしくあったからこそ、すべてがうまく進んだと言えます。

時には大変なこともありますが、あなた以上にあなたらしい人はいないのです。あなたはこの世でただ一人。そのことを胸に、柔軟な気持ちで外の世界に飛びだし、自分らしさをみんなと共有していってください。

---

(13)　エドテック（EdTec）は、「Education（教育）」と「Technology（技術）」を組みあわせた造語で、テクノロジーを用いて教育を支援する仕組みやサービスを指します。

閉塞感に陥り、自分を見失うより辛いのは、「本当の自分」が感じられないことだと思います。

仕事や人生において望んでいる場所にいないと気づいたなら、なおさらです。そこは、誰もがありのままのあなたを望んでいないところだからです。ですが、あなたが変化を起こし、自分自身のブランドを示していけば風向きが変わってくるはずです。

ほかの人は訝しむかもしれませんが、自己理解をより深め、自分の基本的価値観やあなたの大切な人、そして教師としてのブランドを見つめ直すチャンスです。もし、人生を辛いと感じるならば、学びと成長の機会を与えられた、と捉えることにしましょう。

あなたの振り返り

<table>
<tr><td colspan="2">レベル２　教師としてのあなたのブランドは？</td></tr>
<tr><td rowspan="5">ワークの下準備</td><td>□見てみましょう。
教室や職員室
自宅や自分自身
自分の SNS</td></tr>
<tr><td>□聞いてみましょう。
自分自身の声
生徒の声
同僚の声</td></tr>
<tr><td>□嗅いでみましょう。
ほかの先生のあり方は？</td></tr>
<tr><td>□接触してみましょう。
コンタクトをとりたい人は？</td></tr>
<tr><td>□味わってみましょう。
人はあなたのブランドをどう思っているか？</td></tr>
<tr><td rowspan="2">ワークの手順</td><td>□ステップ１
自分の人生の実現目標を理解する

基本的価値観その１……
基本的価値観その２……
その二つを入れこんだ人生の実現目標は……</td></tr>
<tr><td>□ステップ２
あなたの考え方と思考の習慣を変える。

私のなかによく現れる、自分を追いこんでしまうキャラクターは……

そのライバルとなり、自分を励ますキャラクターは……</td></tr>
</table>

<table>
<tr><td rowspan="3">ワークの手順</td><td>□ステップ3
自分の習慣を理解する。（誰が、いつ、どこで、何を、なぜ）

あなたが変えたい日頃の習慣は……</td></tr>
<tr><td>□ステップ4
「蟹の足の引っ張りあい」をやめませんか？
「足の引っ張り屋」が周囲にいませんか？

付き合い方を考え直す必要はありませんか？</td></tr>
<tr><td>□ステップ5
あなたに影響を与える人を５人選ぶ。
1
2
3
4
5</td></tr>
</table>

レベル3

困難の焦点化

あなたに降りかかる困難を見つめ直し、行動へ

困難を克服すべく心を決め、成功への道を探す

積極的な人は、環境や状況のせいに
することはありません。
そうした人の行動は、すべて自分自身の
意識的な選択によるものだからです。
（ステファン・コーヴィー）*

（＊）（Stephen Richards Covey, 1932～2012）著述家『７つの習慣——成功には原則があった！』（1996年）以来、数々の「７つの習慣」シリーズを出版しています。

問題――あなたはいつも「火消し」ばかりをしているように感じている

教師生活における困難は山ほどあります。終わりがなく、予期せぬときに、さまざまな方向から襲ってきます。教師をしていたころ、私を含めて周りの人はこんなことを言っていました。「今日の仕事は火消しばかりだった」

多くの教師が同じように言います。大学にいたころには「火消し」に関する科目などありませんでした。(1)

こうしたストレスを感じさせるセリフについては、一考の余地があります。そもそも、教師の多くがいつも「火消し」をしていると感じているにもかかわらず、それがいつ、どこではじまったのかについて分析する時間がないと思っているのはなぜでしょう。絶え間ない多忙さのなかで、かつて抱いた教育への熱意が、いつしか「灰と煙」に巻かれて消え去ってしまおうとしているのです（意識していない閉塞状況、ステージ0の段階です）。

ある生徒はお腹を空かして、疲れて、不機嫌な状態で教室にやって来ます。それで、朝一番の火がつきはじめます。ほかの生徒に当たりちらし、授業の課題もやらず、居眠りをし、教師に対しても悪い態度をとるのです。このように、生徒の問題行動があなたの心をすり減らします。

ある保護者は、私たちに好意的に接してくれません。私たちは「頑張る子どもをもっと応援してくれればいいのに」と思い、もどかしい気持ちになります。保護者の言動もまた、あなたをすり減らす要因となります。

ある管理職は、日頃私たち教師が頑張っている様子には無頓着なくせに、問題行動を起こした生徒を校長室ないし職員室で指導してもらおうと私たちが送りだすと、あっさり教室に戻してきます。そして、書類の山が一緒に押し寄せてきます。すべてのページで誤字脱字をチェックし、迅速かつ正確に見て、サインをして、返却しなくてはいけません。

管理職と、あまり意味があるとは思えない書類の山も、あなたをすり減らすことになります。

あなたはため息をついて、こう思うのです。

（1）翻訳協力者から、「教員養成課程では、危機対応や保護者対応については学んでいないわけで……。新卒の初任者は（とくに小学校では）学級担任をもつこととなり、こうした突発的なことに対応するのはストレス以外の何物でもないと思います」というコメントが届きました。インターンや実地研修の必要性を感じますが、なかなか現場では受け入れにくいと思います。

「憂鬱な気持ちは、こうした原因があっての結果なんだよなあ」

たしかに、原因と結果という構図は、私たち教師がよく知っているものです。まさに「問題解決学習」という言葉もあります。ある結果は次の何かの原因となり、さまざまに影響して最後の結果につながる、ということです。

あなたのいら立ちや閉塞感の原因をリストアップしてきましたが、そのほかにもあるでしょう。いずれにせよ、原因となるものに対してはしかるべき注意を払い、処理できることとできないことを見分け、解決法を探していくだけです。たとえば、閉塞状況の原因は次のようなものではないでしょうか。

・今教えている学年から別の学年に移りたい。
・管理職と望ましい関係が形成されていない。
・忙しく、働きすぎで、たまに時間があってもどうすればいいのか分からない。
・長時間労働の日が多すぎる。
・生徒にやる気がない。
・対処する準備や訓練をしたことがないし、うまく扱えない問題行動が増えている。

問題点そのものではなく、解決策のほうに焦点を当てて思考や行動をしていきます。

教師生活に起きるこれらの問題に対処するにあたり、私たちは決まって愚痴を言って、そこでやめにしてしまいます。というか、それ以外していないのです。解決するためにどこから手をつけていいのか分からないような気がしますが、考え、計画し、行動すること、それ以外にありません。この「レベル3」が、「考え」と「計画」の手助けになるはずです。しかし、まずは目の前の現象をしっかり見るという「行動」からはじめる必要があります。

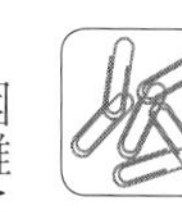

改善するためのワークの方向性——困難に対して目を向け、行動に移す

困難に対して目を向け、行動に移すというのは、問題が起こったときにすぐさまそれを把握することを意味します。つまり、何に注目して、何をすべきかを選択するということです。そうすれば、どのような困難に対しても前向きな状態で取り組めますし、問題解決に向けての第一歩となるでしょう。

まずは落ち着きましょう。火元から離れれば考えられるはずです。「レベル1　現状認識」を思い出してください。そこでは、この状況（身体的、精神的、感情的いずれの意味でも）になってからどれくらいの時間が経過しているのかについて見直しました。その状態から一歩先に進ませるだけです。

「二年前にあの校長（ないし副校長）が赴任してきてから、私はこんな厳しい生活を強いられている」

「生徒が生意気すぎる。この二〇年くらいで生徒の質がすっかり変わってしまった」

「この三年間、週に六五時間以上も働いている。もう、これ以上はやってられない」

そこから、さらに深く考えていきます。

次に、問題点そのものではなく、解決策のほうに焦点を当てて思考や行動をしていくことにします。問題点ばかり考えていると、そこにこだわってしまうものですから。そうしたことが閉塞状況を導いてしまいます。それゆえ、そこから抜けだそうとするなら、自分のコンフォートゾーン(2)から一歩踏みださなくてはいけません。

もし、「私には変えられないという心の壁を乗り越えてください」と私が言ったら、あなたはこう言い返すかもしれませんね。

「心地よいとはほど遠い状態にあります。仕事は嫌だし、こんな子どもたちとはかかわりたくないです。毎日、子どもたちが私の気分を悪くしています」

「たしかにね。でも、毎日どれくらいのデスクワークがあるか、考えも及ばないでしょう。私は毎日書類の束を見つめ、それが刻々と増えていくのです。私が毎日どれだけ仕事をやっているのか、あなたに分かるはずはないのです」

そのとおりです。私は、あなたが学校や教室でどんなふうにやっているのか知る由もありません。というより、あなた以外には分からないのです。だから、あなたしか解決策は見いだせません。あなた自身がその方法を探るのです。困難を見つめて、解決策を探すのです。

ここでは、ここまでのワークの内容をふまえて、そこから行動に移すことを学んでいきます。あなたのコンフォートゾーンから一歩踏みだして、力強い教師となるためのお手伝いをしていきます。

ワークの下準備

「行動のない目標はただの願望だ」という言葉があります。言い換えれば、困難を特定し、解決策を探そう、という意味でもあります。まずは、あなたが直面している課題について言語化して、それを解決の糸口としましょう。

（2）「快適で居心地のいい居場所」と訳される場合が多いですが、ここでは、それに安住してしまうことによって成長や進歩を阻んでいるという意味も含まれています。

リストアップしましょう

解決策を探していく覚悟はできましたか？　それでは、二つのリストをつくりましょう。プライベートでの困難と、仕事上での困難の二つです。

考えやいら立ち、心配、そして日々のストレス源となるものを脳からいったん取りだすのです。あなたのすべての困難と、モヤモヤしているものを書きだしましょう。必要ならば、子ども時代までさかのぼって考えてください。さあ、準備は整いましたか？

「なぜ？」と、繰り返し問いかけましょう

プライベートでも、仕事上でも、その事柄がなぜあなたにとって困難なのか、根本的な原因を絞りこんでいきましょう。次のような感じで繰り返し、「なぜ？」と問いかけていくのです。

「長時間労働が私をすり減らしてしまっている」

——なぜ？

「常に疲れ果てているし、好きなことがやれないからだ」

——なぜ？

「私は高校の国語教師であり、学期末には成績をつけるために一二〇本もの作文を読まなくては

ならない。おまけに教科主任でもあるし、二つの運動部の顧問をしている。そのうえ、ＰＴＡの担当もしている」

――なぜ？

「教科主任に昇進してしまったが、顧問をずっとやって来た。そして、ＰＴＡの担当も。やりたくはなかったが、嫌とは言えなかったから」

――なぜ？

感じはつかめましたか？　信頼できる人に「なぜ？」と尋ねてもらうのもいいでしょう。そうすることで新たな視野が開けますし、解決できそうな方法が見いだせるかもしれません。

「この事柄は自分がコントロールできる？　できない？」と問いかけましょう

その困難を解決するために時間を割くべきかどうか、ということも含めて検討する必要があります。あなたがいくら望んでも解決できないこともあります。だからこそ、どれを諦めるのかを決めなければなりません。自分ではコントロールできないストレス状況（過去も現在も含め）をいくら考えても、悲観的な考えに落ち着いてしまうものです。それどころか、あなたの脳はそこからさらに広がり、別の問題点まで見つけてしまうかもしれません。

あなたがコントロールできない事柄

・過去のこと
・生徒の生育環境
・生徒の選択
・管理職や同僚の考えや選択
・自然災害
・思い出

あなたがコントロールできる事柄

・あなたが見習いたい人の選択（前章でトップ五人を選びましたね）
・解決に向けてあなたが考えるポイント
・物事に対するあなたなりの予見や準備
・管理職や同僚、生徒が選択したことへのあなたの対応
・あなたの努力(3)
・あなたの態度

困難の関連性を見つけましょう

ある問題を解決、あるいは最小化する方法を見つければ、その問題に関連する事柄や、それが引き金となって起こっていたことも見つかるのではないでしょうか。

解決策を模索するとともに、一緒にやってくれる人を探しましょう

あなたがコントロールできる範囲の問題であれば、解決策をどんどん書きだしましょう。ためらうことなく、広い視野で。どんな困難でも、どんな場面でもさまざまな解決策があるものです。

残念ながら、誰かの行動や考えの結果としてあなたに困難が訪れているのであれば、それを克

（3）翻訳協力者から、「自分でコントロールできることとできない事柄を明確に分けておくことはとても重要だと思います。学校は、元々抱えこみすぎる傾向がありますから。できないことを明確にしておくと、学校の説明責任にもつながりますね。そう考えると、これこそが誠実な態度なのでしょう」というコメントが届きました。

このコメントに一つ付け足すと、アカウンタビリティーは本来「結果責任」と訳すべきなのですが、日本では「説明責任」としてしまったので、政治家の問題行動などもそのレベルにすり替えられてしまうという問題が起こり続けています。教育におけるアカウンタビリティーの捉え方に興味のある方は、現在翻訳中の『So Each May Soar』を参照してください（キャロル・トムリンソン著『だから、みんなが羽ばたいて——生徒中心の教室の「原則」と「実践」（仮題）』新評論、二〇二一年予定）。

服するか、見方を変えて何とかするか、もしくは相手にしないかを見極めなければなりません。これらの問題への対処をする際、無視してすっぱりと切り捨てるかどうかを選択するのもあなた次第となります。決断する前によく考えてください。

あなたを助けてくれそうな人、何らかの解決策を授けてくれそうな人を探すのです。こうした人たちが、あなたの先入観を取り払って、違う見方を提示してくれるものです。

自分ではコントロールできないような問題が特定できたなら、計画的にその見方を変えていくか、あるいはまったく相手にしないことにします。あなた自身がコントロールできないことに根差したストレスは健康に悪いものです。そんな状況に対して寝ずに取り組んでも解決しませんし、朝の目覚めもよくないでしょう。

誰に対しても前向きに付き合っていると思いますが、時には本音で話しましょう

「前向きに付き合う」というのは、善意をもとに発言や行動をし、その時々でベストを尽くしているという意味です。周りの人のことをすべて知りたいという気がするでしょうが、それは無理というものです。他人のことは、昨晩のことであっても、今朝のことであっても、五分前のことですら分からないものです。

友達や家族の病気のこと、口論になったこと、体の痛み、寝不足、そのほかのさまざまな要素

注意！ こんなときはすぐ相談を！

あなた自身が差別や虐待、いじめといった困難に直面しているなら、ためらうことなく何らかの行動を起こしてください。閉塞感による症状がより深刻になったら、あなた自身や環境を何とかしてくれるであろう人に助けを求めてください。

私は、心理学者でも医者でもありません。教師のためのコーチでしかないのです。あなたの健康や安全が害されているなら、専門家の助けを必要としているということです。今すぐ本を閉じて、連絡をしてください。

が原因で皮肉を言ったり、悪態をついたり、冷たい視線となっているのかもしれません。生徒も同じです。私たち教師は、「生徒の日々の生活はこういうものだ」と思いこんでいるところがあります。そうして自分の子どものころや、自分の子どもの生活と比べてしまっているのです。

私たちは、さまざまな人や状況と格闘しながら生きています。ある人は、泣きついたり抱きしめたりする相手を求めることさえできません。また、ある人には、喪失感や敗北感、疲労感が普通の人とは違った形で表れます。そうした人たちが私たちと違う面を見せたとき、優しく、前向きに扱うかどうかを決めるのも私たちとなります。

そして、皮肉な言葉を耳にしたとき、ひどいことを言われたとき、悪意のある行動をされたときにどのように対処するのかを決めるのも、私たちなのです。こうしたとき、本音で話すにあたって、控えめになったり悲観的になったりする必要はありません。こう言えばいいのです。

「ちょっと教えてほしいのですが、あなたが言っている（やっている）ことは、どういう意味なのですか？」

相手を理解しようという気持ちさえあれば、うまくいきます。生徒に接するときも同じです。

私たちは、すべて自分に原因があるから相手がそうしているのだと仮定してしまいます。しかし、耳にする言葉や目にする素振りは、実は自分とはあまり関係なく、直前の出来事に起因していることが多いものです。

こうした本音の会話を避けてしまうと、人間関係を改善するチャンスを見過ごすことになり、ひいては、あなたが元気を取り戻す歩みを遅くしてしまうでしょう。

ワークの手順

このワークは、さまざまな問題への対処を促すものです。問題そのものに一人で目を向け続けるより、解決策を探しましょう。そして、事態を好転させるために自分を見つめて、分析するのです。

ステップ１　落ち着きと根本的な受容を身につける

「ニーバーの祈り」とは、依存症治療の言葉です。一九四〇年代初頭にアルコール中毒者更生会によって有名になった方法です。原文には次のように書かれています。

> 神よ、与えたまえ。自分に変えられないものを受け入れる落ち着きを。変えられるものは変えていく勇気を。そして、その二つを見分ける賢さを。

教師のなかには、人を喜ばせたい人、思いどおりにしたい人が大勢います。自分が思い当たる場合は、「ニーバーの祈り」を実際に唱えてみましょう。自分のことくらいしか思いどおりにならない、と実感できるでしょう。「あなたがほかの人のために選択してあげる」のではなく、実際は、誰かの選択をあなたが受け入れなくてはならないのです。[4] 本書の最初に申し上げましたが、閉塞状況を克服する唯一の方法は、変えられることと変えられないこと、コントロールできるこ

（4）翻訳協力者から、「誰かの選択が自分の選択とは異なることは当然ありますね。いつの間にか『普通はこうあるべき』と思いこんでしまっています。この視点を忘れないでおきたいです」というコメントが届きました。

とできないことを、あなた自身が見極めることです。

仮に、ケイトリンという生徒が教室に来て、オースティンを突き飛ばし、リュックをめちゃくちゃにしたとしても、そのことは変えられません。ただ、その状況にあなたがどのように対応するかについてはコントロールできます。遠くから怒鳴りつけるか、近寄って興奮している理由を優しく聞こうとするか、いずれにしろあなた次第となります。

落ち着いて、理解しようとするのは大変なことです。ですが、私たち教師のリアクションによって小さな火が大きく燃えあがってしまう場合もあります。前章に登場した人間の「**にんちゃん**」を呼びだし、自分が特別なヒーローではないこと、全員を救えるわけではないこと、一人で解決しなくてもよいということを思い出しましょう。

どうにもならない状態を受け入れることを「**根本的な受容**」と言います（三九ページ参照）。この心構えが落ち着きを身につけ、その状態で行動することにつながります。「根本的な受容」とは心理学者のマーシャ・リンハン(5)によって提唱されたもので、次のように定義されています。

さまざまな条件に左右されざるを得ない人生を受け入れ、できないこと、変えられないことにむやみに抵抗しないこと。根本的な受容とは、人生をありのままに肯定すること。

あなたがさまざまなもののあり方に同意できないことは分かります。親による子育ての仕方や現行の教育制度の不公正、不平等などです。おそらく、こうした困難があなたの心に火をつけてしまい、何とかして変えたいとあなたは試みることでしょう。一方、政治や制度を変えることを選ばない、というのも選択肢の一つです。ですから、それを受け入れ、自分ができることに絞るのです。あなたの態度や習慣、努力といった部分です。

クラスの誰かがいじめをしていることを見逃してもよいというわけではありませんし、転校してきたばかりの生徒・家族に対して人種差別となる言葉を言いだしてしまう同僚は放っておけばよい、ということでもありません。

不公正なことは社会にあふれています。仲間のために立ちあがる気持ちがあるのならば、相手が生徒だろうが、教師だろうが、管理職だろうが、やってください。ただし、困難な状況に対して何ができるのか、何をすべきかを決める際には常識の範囲で行ってください。きっと、次の段階へと進めるはずです。

（5）（Marsha M. Linehan）アメリカ出身の、ワシントン大学の心理学者です。「弁証法的行動療法」と呼ばれる、それまで治療不可能とまで言われていた境界性パーソナリティ障害に特化した認知行動療法を開発しました。

ステップ2 「すべきだった」「できたはずだ」「こうだったらよかった」のような言い回しをやめる

厳しいことを言わせてもらいますが、人生は決して楽ではありません。時には嫌なこともあります。ミスを犯せば生活に影響が出ますし、その影響はほかの人にも及ぶでしょう。しかし、とくに自分や他人のミスを責める心の中の声（もしくは、口から出たつぶやき）に耳を貸すというのはやめるべきです。これを「仮定法のなかで生きる」と言います。

仮定法というのは、「現状よりも、むしろ推測や願望、仮定や可能性を表現するための用法」です。英語は、仮定法をもっというめずらしい言語です。ですから、もし英語圏の国に行って、「隣の男が私の袖で鼻をかんだわけでないのなら、私が鼻水を垂らしたのだろう」みたいな言い方をされたら、何が言いたいのかさっぱり分からないでしょう。実際に袖が濡れているなら、ティッシュを持ってくればいいだけです。

お金を積んでも過去は変えられません。**できるのは、自分や他人のしたことを何とかして受け入れ、許し、よしとするか、それだけです。**もうお分かりでしょう。そして、人として成長し、今後はより良い選択ができればありがたい、と思えばいいのです。ですから、次のようなことを言いそうになったら、とりあえず口を閉ざしましょう。

・政治家や役人が学校に一日でも来たなら、この仕事がいかに厳しく、自分たちの政策がいかに現実的なものでないかが分かるだろう。
・子どもたちを私の家に連れて帰り、「普通の家庭」がどのようなものか見せてやりたい。
・校長が私のクラスで一日過ごしたなら、校長の示す新しい学校経営がいかに馬鹿げているか分かるはずだ。
・インテリア・デザインの学位でも修得していたら、もっと幸せでお金持ちだったろうなあ。

自分が状況をコントロールできるかどうか、そして、なぜそれが困難なのかを見極めましょう。また、政策の理解を深めてどうすべきかを考えたり、あなたの思っている「普通」に含有されている偏見の要素が極力少なくなるように心がけるという前向きな解決策に、時間とエネルギーを注ぎこむべきかどうかについても考えてみましょう。

ステップ３　プライベートと仕事のバイアスを見つめ直す

私たちは、人間的に幼いながらも、善悪、普通と異常、良し悪し、納得いく・いかない、といったことについてそれぞれの「考え」をもっている生徒でいっぱいになっている教室に立っています。私たち教師も同じく、一人ひとり善悪や常識に対しては揺るぎない信念をもっているはずです。よって、私たち教師は、生徒の振る舞いや保護者の養育の仕方に対して、常に自分のバイアスに照らして反応するのです。

もちろん、管理職にも、学級経営についての良し悪しや指導案の出来具合について一定のバイアスがあるわけですが、それらに対しても私たちなりの考えをもっています。自分のバイアスと、それに基づく周囲へのまなざしがどのようなものなのかについて知ろうとしないかぎり、生徒や家庭、同僚の言動がなぜそうなるのかについては学べないでしょう。

あなたが、生徒による思いも寄らない悪口で傷ついているのは、そうしたバイアスの違いがあるからです。そのような状態について、「どうにか対処しろ」とか「心の傷に耐えろ」と言われても無理な話です。心が折れてしまうのは当然なのです。

家庭によっては、こうした悪口は当たり前のように使われています。むしろ、露骨な言葉遣いを当たり前としている家庭では積極的に使われているようですが、そのことを想定するなんて私たちにはできません。ですから、「根本的な受容」が鍵となるのです。たとえ自分が納得できる範疇を超えていても、その言葉遣いや、その言葉を使うに至った生徒の要因についてより深く考えるように心がけてください。

相手に自分を理解してもらおうとするよりも、まず自分が相手を理解しようとすること、それ

が一番簡単です。理性が感情を上回り、ストレスをためないですむからです。あなたの家庭ではあり得ない事柄を見聞きしてがっかりしたとき、または管理職があなたの指導法に対して偏見をもっているときなどは、仮定法をやめて「根本的な受容」を心がけましょう。次のような言い方を使って相手を理解するのです。

「よく分からないので教えてくれませんか？」

困難に直面したときは、まず理解しようとすることです。それですべてが変わるはずです。『生徒指導をハックする――育ちあうコミュニティーをつくる「関係修復のアプローチ」』（ネイサン・メイナード、ブラッド・ワインスタイン／高見佐知ほか訳、新評論、二〇二〇年）では、尋ねることがより良い生徒理解に結びつく、と述べられています。

「この問題行動にはこの対応」と、決まりきった一つの型をすべての生徒に適用するのではなく、私たちは生徒の「声」に耳を傾ける必要があります。そうするためには、生徒の問題行動を分類して、適切な罰を与えるのではなく、まずは問題行動そのものを理解することに熱意をもって取り組まなければなりません。問題行動が起きたときには、次のようなオープン・クエスチョン（開いた質問）を使って生徒に問いかけてみましょう。

・何が起こったのですか？
・それが起こったとき、あなたはどのようなことを考えていましたか？
・あなたのとった行動は、誰にどのような影響を与えましたか？（前掲書、六〜七ページ）

こういう質問をしたら、生徒に悪口を言われたとしても嫌な思いをするのが少しは和らぐでしょう。生徒による突発的な問題行動を、そもそも一人で何とかしようとしたり、分かったような気になったりせず、しっかり理解するように努めましょう。

ステップ4　問題そのものではなく、解決策のほうに目を向ける

あなた自身が思っていること、それがあなたの真実です。時間やお金を十分にもっていないと思うなら、そうなのでしょう。問題が大きすぎて、どこから手をつけていいのか分からないというのなら、それもそのとおりでしょう。

こうしたことを示すいろいろな警句がありますが、どれも同じです。つまり、自分が注目している事柄は、あなたの人生において現実になるということです。あなたが考え、感じ、リアルに思えば、一層現実味を帯びてくるのです。

たとえば、ないもののねだりのマインドセット、すなわち、常に満足できない心持ちで生きてい

れば空っぽのお皿や箱ばかりが目につきます。それがあるといいのになあと思いながら暮らしていると、不要なものでさえ実際に欲しくなってくるものです。

しかし、豊かさに満足するマインドセットで、自分には時間もお金も十分にあると思うようにしておれば、それもまた現実になるはずです。

満足するマインドセットを選択するからといって、「時間やエネルギーの無駄遣いをしてもいい」という意味ではありません。そうではなく、時間やエネルギーに感謝するといった考え方です。もちろん、アイディアや資料、笑顔や感謝の気持ちを惜しみなく提供し、すべてを誰に対しても差しだせ、ということでもありません。

夫と私は「スバル」の車が欲しくなり、ディーラーから帰って家で調べはじめたら、どうなったと思いますか？　何と、外出したときにスバルの車ばかりが目につくようになったのです。私たちの脳は望んでいることに敏感であるため、そればかりを見てしまうのです。困難を望むかどうかは別として、もし解決策より問題点ばかりに目を向けていると、困難なことばかりが目につくようになるでしょう。

あなたが問題をリストアップするのは、あくまでも解決策のリストをつくるための準備です。困難から解決策を求めるほうに移行しましょう。解決策を求めようという心構えさえしておけば、そのうち解決策がきっと見つかるはずです。

ステップ5　解決策を探し求める

私たちは教師です。ですから、自分以外の人に関する問題を一日中解決しています。

・誰がどこに座る?
・そうか、アビーのパートナーは今日欠席か……。誰と一緒にやらせようか?
・うちの子どもの調子が悪いけど、私のつれ合いは出張中。そのうえ、私も出張に行かなくてはいけない。どうすればいいの?

こうしたちょっとした突発的な問題が、毎日、一日中積み重なり、私たちの気持ちはすり減っていきます。ですから、教師としての存在意義を問うてくるような、より深くて重要で、時間のかかる事柄には手をつけたくないという気持ちもよく分かります。

それらを、すべて変えていきましょう。「問題発見者」から「問題解決者」へと変身するのです。決して、対症療法ではありません。時間をかけて病原を取り除き、再発しないように努めるのです。先につくった問題リストを見て、ほかの問題にも効果的な解決策がないのかと探してみましょう。

ステップ６　問題と解決策に文字どおり「囲まれて」考えてみる

それでは、問題と解決策を見つめ、それをやったらどのような感じになるのか想像してみましょう。

❶もっとも困っている問題五つを取り上げ、紙か大きめのカードの上に一つずつ分けて書きだしましょう。

❷その紙を自分の周りに並べて座ってみましょう。
・どのような感じがしますか？
・気づいたことはありますか？
・上から自撮りをして、俯瞰してみましょう。自分の体がどのように反応しているのか書きだしましょう。

❸解決策についても同様のことをしてみましょう。紙に書いて自分の周りに並べます。
・読みあげてみましょう。
・上から写真を撮ってみましょう。
・これらの問題についての解決策を考えてみて、どのような感じがしましたか？　問題と解決策の両方に囲まれてみて、どの問題（解決策）が一番影響力をもっているのか、あるいはコントロールできるような気がしますか？　うまくいけば、有効な解決策が選べます。前向きな見通しをもったことであなたのマインドセットは変容し、閉塞感という現状から大きな学びや成長が得られると感じているからです。

もちろん、解決策を探すというのは正しい道の第一歩にすぎません。探したあとは実行です。ここが一番難しいところです。「レベル６　長期目標の設定」では、問題を改善するための優先順位を決めて実際の行動計画を立てるといった、より進んだワークを行っていきます。

課題を乗り越える

その事柄がなぜあなたにとって問題なのか、という根っこのところから解決策へと焦点を移すように脳を鍛えていけば、問題解決に必要な時間とエネルギーのかけ方が決めやすくなってきます。また、深呼吸をして、「すべきだった」、「できたはずだ」、「こうだったらよかった」を言わないで動きだすとよいでしょう。とはいえ、それでも課題というものは出てきますから、心構えだけはしておきましょう。

「助けてくれる人など私にはいません」

本書を手にする前に、このように感じていたかもしれません。しかし、今やサポートはどこにでもあるということはお分かりでしょう。もしかしたら、行ったこともないような場所から探しだす場合があるかもしれません。

サポートしてくれる人は、あなたが望めばどんな遠くにいても見つけだせます。ただ、あなたが求めているものが何なのか、それを見極める必要があります。たとえば、フェイスブックのグループはいくらでもありますが、あなたが不要と思われるものは見なくてもよいでしょう。将来的に必要なサポートとなり得るとしても、とりあえずは後にしましょう。適切なサポートを提供してくれる人やサイトを探しましょう。

「教育現場での不正義を見過ごせません」

根本的な受容とは、教育現場でしばしば見かける不正義や不公正にも納得しなさい、ということではありません。変化させたいことに力を尽くすか、それをしないか、といった選択をするということです。学校制度に根差した不公正がどうしても気になり、政治の世界に興味があり、自分の手で公正な政策が実現できると考えているなら、ぜひそうしてください！　そこに情熱を感じるなら、やらない手はありません。

一方、学校制度を一つずつ変えることを望んでいないなら、そうしなければいいだけです。見過ごす、ということではありません。どのように自分の時間を使うのか、という選択をするのです。クラスの生徒に働きかけて、将来、公正な政治が実現できるように、今から教えていくというのも一つの選択肢です。

「**解決策に焦点を当てたところで時間の無駄だと思います。きっと誰かが来たり、何かが起こったりして、計画はダメになると思います**」

そうかもしれませんが、そうでないかもしれません。まずは、なぜそれがあなたの問題になっているのかについて、十分な分析をしてから決めてください。最大の困難に対する解決策に焦点を当てるというのは、つまるところ、あなた自身や自分なりの期待、バイアス、現状の行動を変える必要があるかどうかということです。あなたがコントロールできる範囲の変化や解決策であれば、誰も邪魔できないはずです。

「**私には時間もなければ力もありません。何も変えられません**」

もう一度言いますが、あなたの願ったことが現実になるのです。普段から対処している困難な事柄を変えるだけの力がないと思っているのなら、あなたの脳はそれが真実であることを証明しようとあれこれ探しだしてくるでしょう。きっと、問題を解決するための時間はないということを証明する言い訳を見つけてくるでしょう。

しかし、それこそが今の状態の原因ではないでしょうか？　力をかけてこなかったからこそ、困難な状況が膨れあがってしまったのではないですか。時間が足りないとか、力がないとかいうのも、あなたの選択でしかありません。新たに、ほかの選択をすればよいだけです。

ぜひ、あなたには力があり、やればできるし、現状を変えることができる、と信じてください。あなたが思考の習慣を変えることを選んだのなら、毎日あなた自身、そしてあなたのもつ力に関する「前向き」なフレーズを口にしてください。[6]そして、変化の担い手となるキャラクター（七三ページの**表2－2**の右側や七八ページの**図2－1**）をプリントアウトしたり、ユーチューブで肯定的な表現の仕方について調べてみましょう。

（6）七一ページ以降でも紹介されている「思考の習慣」についてですが、詳しく書かれた本が今秋出る予定となっています。ベナ・カリック＆アリソン・ズムダ著の『Students at the Center - Personalized Learning with Habits of Mind（学びの中心はやっぱり生徒だ！　個に応じた学びと思考の習慣）』（邦訳タイトルは仮題、新評論）ですので、ぜひ参照してください。

実際の体験談から――レイチェル・G先生（学級担任）の場合

教師になって三年目という時期を、私は有頂天になって迎えました。何事も順調で、授業計画もばっちりという奇跡の一年にしようと意気込んでいたのです。その年の準備をしているとき、前年度に生徒が登録しようとしていた際に事務的な手続きミスがあったことを思い出しました。移民の多い学校だったので言葉の壁があり、違った学年に振り分けられた生徒がいたのです。語彙の少ない七歳の子どもで、教育の基礎が定着していない生徒が三年生のクラスにいることに私は気づきました。

すぐに校長に掛けあいました。何かを変えなくては……でも、何もできません。そこで、校長の上司に当たる人のところに行きました。誰のところであれ、足を運びました。仮にあなたがそこにいたとしたら、あなたも自分のクラス内の不公正を訴えたことでしょう。その生徒はうちの教室ではないところに行くべきだし、ほかの生徒はそのために困っていたし、管理職は私を嫌っていたし……と不満材料ばかりが続きました。

事は、ついに保護者会で頂点に達しました。クラスで生徒を助けるべく頑張っていることを何とか私は示そうとしましたが、保護者たちはそう思ってくれませんでした。保護者は、わが子が期待した成績をとれないのはニーズを反映したグループに入っていないからではないかと、私に対して疑問を投げかけてきました。

こうして私は、学校理事会[(7)]を経ることなく、管理職や教育行政の助けが借りられない状況に追いこまれたのです。

生徒について話し合いが必要になったら、校長、教頭、教職員組合の代表、そして同僚の代表が一人参加します。私はタイタニック号に乗っているような気分でした。舵を切らなければ氷山にぶつかります。恐ろしく、悲しい気持ちでした。生徒が教育を必要としているのに、私にはできない状況となっています。私自身が生徒を困らせていたのです。

私の教職人生における一つの潮時でした。年度半ばでその学校を辞め、別の教育委員会で働くことにしました。私は、新たな国語プログラムで移民の子どもに言語教育を再スタートさせるという仕事を手伝うことにしました。教職人生における再スタート、となりました。

生徒のよき聞き役になりたい、とそのときには思いましたが、私の新たな仕事は、さまざまな面で理想とはかけ離れたものでした。教師たちは変化を好みません。ですが、私は、この新しい

（7）欧米の公立学校では、学校理事会が校長の人事も含めて最高の意思決定機関になっています。日本の学校運営協議会などとは捉え方や運営の仕方がまったく違っています。ある意味、教育の自治が確保されています。

仕事をどうしてもやり遂げたかったのです。素直になり、今やっていることを続けるほうがよいという点にも気づきました。根本的な受容、そのものです。そして私は、より良い聞き役になることを選びました。

共感することを学ぶ、そして、誰にでも（校長でも）立場なり見方があり、困難がつきものだと理解すること、それらを私はふまえたのです。教育にかかわる問題すべてを、一人で解決することなんてできないのです。

一度それを受け入れ、よき聞き役、共感する相手役になろうと努めた結果、私はマインドセットを変え、地に足をつけてより満足するために何をすべきかを理解しました。もちろん、閉塞感に陥ることもありませんでした。(8)

過去の困難を振り返るというのもいいでしょう。ただし、過去の失敗や誤解をより良い理解や行動につなげる機会と捉えて貴重な学びが得られるのであれば、という条件がつきます。失敗をしてもかまわないのですが、失敗を続けるわけにはいきません。失敗そのものには価値があり（とても高い価値です）、「単なる失敗」とならないようにすることはできます。ネルソン・マン

デラ（Nelson Mandela, 1918～2013）の名言に倣えば、「**勝つか、学ぶか、だ**」です。教訓は人生につきものです。賢くあるという状態は、決して完璧を意味するものではありません。自信をもってこう言いましょう。

「こりゃ、だめだ。だが、この失敗から学んだ教訓はきっと役立つ」

落ちこむ代わりに、振り返って自らの困難を特定するのです。そのとき初めて、そこから学び、先へと進めます。

（8）　レイチェル先生は、前の学校では意地を通そうとして孤立していました。次の学校でもそうなりかけましたが、変化させようという努力はひとまず置いて、「根本的な受容」によって「よい聞き役」になることを選んで、教師や生徒の話をよく聞くという形で解決しようとしたと思われます。

あなたの振り返り

<table>
<tr><td colspan="2">レベル３　あなたに降りかかる困難を見つめ直し、行動へ</td></tr>
<tr><td rowspan="6">ワークの下準備</td><td>□リストアップしましょう。
仕事上での困難

プライベートでの困難</td></tr>
<tr><td>□「なぜ？」と繰り返し問いかけましょう。
※ここからは、あなたの困難を一つ選んで書きこんでみてください。
困難の原因を突き詰めていきましょう。</td></tr>
<tr><td>□「この事柄は自分がコントロールできる？　できない？」と問いかけましょう。
どちらでしたか？</td></tr>
<tr><td>□困難の関連性を見つけましょう。
その困難と原因が似通っているものなどはありますか？</td></tr>
<tr><td>□解決策を模索するとともに、一緒にやってくれる人を探しましょう。
一緒にやってくれる人は……</td></tr>
<tr><td>□誰とでも前向きに付き合っていると思いますが、時には本音で話しましょう。
本音で話すべき相手、事柄は……</td></tr>
<tr><td rowspan="6">ワークの手順</td><td>□ステップ１
落ち着きと根本的な受容を身につける。</td></tr>
<tr><td>□ステップ２
「すべきだった」「できたはずだ」「こうだったらよかった」のような言い回しをやめる。</td></tr>
<tr><td>□ステップ３
あなたのプライベート、仕事両面のバイアスを見つめ直す。</td></tr>
<tr><td>□ステップ４
問題そのものではなく、解決策のほうに目を向ける。</td></tr>
<tr><td>□ステップ５
解決策を探し求める。</td></tr>
<tr><td>□ステップ６
問題と解決策に文字どおり「囲まれて」考えてみる。</td></tr>
</table>

レベル4

習慣の改善

あなたの「習慣」と「強み」を育む

習慣が、あなたを強くも弱くもすると知る

習慣は、天性の10倍も価値がある。
(初代ウェリントン公爵アーサー・ウェルズリー)*

(*) (Arthur Wellesley, 1769〜1852) イギリスの軍人、政治家、貴族。ナポレオン戦争で軍功を重ね、1815年のワーテルローの戦いではナポレオンと会戦し、彼を打ち破った軍人として知られています。ここで述べられているのは、「習慣は第二の天性であり、天性の10倍もの力がある」という有名な言葉の一部でしょう。

問題――生まれもった強みに習慣が大きく作用していることを、あなたはまだ分かっていない

次のような台詞を聞いたことがありませんか？

「私はA型人間なんだ。すべて思いどおりにしたいんだ」

「私はいつだって完璧主義者なんだ」

「みんなに好かれたいのです。そして、私もまたみんなを喜ばせたいのです」

「それがよくない癖であることは分かっているんだ。でも、どうしようもない」

完璧主義者、サービス精神が旺盛な人、コントロールをしたがる人たちは、学校でもそれが習い性になってしまっています。教師の性（さが）とも言えるでしょう。SNSや検索エンジンのおかげで、プリント類やイラストをつくるための色やフォントなどはいくらでも見つけられます。ですから、誰かに頼まれたら、時間や技術、それをしたいかどうかなどは考えず、間髪入れずに頼まれたことを承知してしまう、という場面がよくあります。

ゆっくりと、しかし確実に、あなたはこうした罠にはまっていき、ほかの人を喜ばせたいとか、「インスタ映え」させたいとかいった悪い習慣が身についていきます。その一方で、教師魂を燃やし、あなた本来の強さや能力を活かせるような習慣がほったらかし状態になっています。

さらに、あなたの時間感覚や価値観に反する不健康な習慣ができてしまっているかもしれません。そうした習慣こそが、閉塞状況から抜けだし、成長することを妨げる要因となります。もしかしたら、あなたの働き方において次のようなことが習慣になっていませんか？

・夜や週末に計画、準備、成績付けをする。
・夜更かしをして、朝はギリギリまで寝ている。
・すべてのこと、すべての人を自分より優先する。
・今までと同じように、教え、計画し、成績付けをする。
・自分の強みを理解して活かすのではなく、弱点を克服するために時間を使う。
・ほかの教師と足並みをそろえるため、誰かの実践を（効果的、効率的でないとしても）そのままやる。
・ほかの人にとやかく言われたくないので、他人に合わせて遅くまで学校で仕事をする。

こうした考え方や習慣によって、あなたは不安のなかに立ち尽くしてしまい、閉塞感へと落ちこんでいくのです[1]。こうした考え方や習慣が唯一の方法であり、変えることができないものだと信じこんでいる人なら無理もないでしょう。

あなたの強みと個性とは

もし、「あなたの個性は？」と尋ねられたら、頭に浮かぶことは何ですか？　A型とかB型といった血液型でしょうか？　また、「一番の強みは何ですか？」と尋ねられて、自然に出てくる事柄は何ですか？

個性や強みについて深く考えずに、自らに「コントロールしたがる人」というレッテルを貼ってしまったら、いわゆるA型人間としての不健康な習慣のままでいることになるでしょう。きっと、これから先も疲れ切った状態のままです。

習慣と強みの相関関係を理解することが、閉塞状況を克服する基本となります。(2) 自分の強みを知っていても、それを育てるという健全な習慣がなければせっかくの強みが無駄になります。逆に、健全な習慣があったとしても、自分の強みが分からず、その強みを使う機会も探せなければ、ストレスをためてしまったり、嫌になってしまうことがあります。

教師として私たちは、悪い習慣を招き、自分の強みを枯らしてしまうような考え方については、じっくりと見極める必要があります。そして、水やりをして、強みを育てる方法を覚えましょう。強みと習慣に目を向けて、閉塞状況から抜けだし、健全な生活へと移行しましょう。

改善するためのワークの方向性——習慣と強みを育てましょう

強みと弱みを知ることが第一歩となります。次に、日々の習慣に目を向けて分析しましょう。歯磨きや爪切りといった、当たり前の習慣のことを言っているわけではありません。自分の強みと弱みに注目する、自分の困難な問題を見つめる、教師としてのブランドを理解する、閉塞状況に至った原因を考えるなど、時間をかけるべき本来の習慣のことです。

現状を打破するためには、現在の習慣に対するあなたの見方を変える必要があります。「レベル2　ブランドの確立」を参照して、振り返ってみてください。

（1）翻訳協力者から、「『生徒のため』に同僚や指導書、インターネットからさまざまなアイディアを得ることは大切ですが、あれもいい、これも効果的とたくさん取り入れてしまうと、自分が苦しくなってしまいますね。自分に合わないやり方もあるのだという自覚が大切です」というコメントが届きました。自分で選択する必要があると感じます。

（2）翻訳協力者から、「アインシュタインの『私は決して頭がよかったわけではない。人よりも長く一つのことをやり続けただけだ。（It's not that I'm so smart, it's just that I stay with problems longer.）』という言葉を思い出します。自分が好きなこと、得意なことこそが、持続可能な習慣に発展していくのだろうと思います。当たり前のようだけど、意外と見落としていることかもしれません」というコメントが届きました。

あなたが元気を取り戻すためには、習慣と強み、弱みをはっきりさせ、改めて自身を理解することが不可欠となります。それは、次の新たなレベルへと進むための準備となります。時間（もしかしたら少しのお金も）を投資し、あなたの日々の習慣やルーティーンを分析し、強みや自身の価値を理解するのです。現時点でのあなた自身を知れば、健全な習慣をもとにして強みを育てていくためのアイディアが得られるはずです。

自分を過小評価することはありません。現在の人生における局面や閉塞状況のステージは関係ありません。また、教師としてのキャリアの長さや接した生徒数も問題とはなりません。もちろん、プライベートについても同じです。とにかく、新しい習慣を身につければ、あなた自身の強みが育てられるのです。それをやり遂げ、情熱を取り戻すのです。

ワークの下準備

習慣をリストアップしましょう

①Tチャートをつくります。[3] 片方には「仕事」、もう一方には「プライベート」と書きます。

表　私の日々の習慣

【仕事】	【プライベート】
・毎年部活動顧問をする（ロボット工学、生徒会、クロスカントリーなど）。	・午前５時に起床。運動する。
・廊下ですれ違った人に一日一回はハイタッチする。	・朝食を省略。
・職員ラウンジで昼食をとりながら、生徒についての愚痴を言いあう。	・１日に３杯の炭酸水を飲む。
・休み時間にインスタグラムやフェイスブックを閲覧する。	・週に３回は家族に料理を振る舞う。
・火曜の午後に今週の「することリスト」をチェックして、週末までどうするかを考える。	・夜更かしをする。
	・
	・

②日々行っている習慣をそれぞれの欄に箇条書きで示していきます（**表**を参照）。

「レベル２　ブランドの確立」では、自分の習慣を、誰が、いつ、どこで、何を、なぜ、に注目して振り返りました。それこそが習慣です。どの習慣があなたをがんじがらめにしていますか？　どれがあなたを強くし、勇気づけ、自信をもたせるものとなっていますか？

自己分析ツールを一つか二つやってみましょう

自己分析ツールを一つか複数選んで、結果から分析してあなたの傾向をつかみます。分析結果を記録

（3）　思考ツールの一つです。T字になるように横線と縦線を紙に引き、横線の上部にはテーマを、左右二つに分かれた部分には相反する二つの要素を箇条書きにして記すという方法です。

し、自分の気づきをどのようにすれば現状改善に活かせるかと考えましょう。(4)

また、「レベル3　困難の焦点化」では問題点とその解決策をリストアップしました。自己分析による気づきを問題解決に活かすことはできないでしょうか？

ワークの手順

あなたの強みを育てるために習慣を変えていきましょう。なかでも大切となるステップは、あなたの強みが何であるかを知ること、そしてどの習慣なら変えられるかを知ることです。習慣というものは、なかなか変えられるものではありません。新しい習慣を身につけるためには意図的な行動が必要となります。強みについても同様のことが言えるでしょう。あなたを後押しする事柄にこそ時間と労力をかけたいと思うなら、まずはそれが何であるかを知らなければなりません。前向きな習慣を身につけて強みを育てること、それが活力を取り戻すことにつながります。

ステップ1　一週間、日々の習慣を分析してみる

自分の時間の使い方は分かっていますか？　体や心によいことをしたり、体を動かしたりする

ことはどうですか？

朝の習慣を分析してみましょう。

・何時に起きていますか？
・起きたあと、すぐに何をしますか？
・何時に勤務校に着きますか？　生徒が登校してくるまでにどれくらいの余裕がありますか？

午後の習慣を分析してみましょう。

・何時くらいに学校を出ますか？
・放課後、すぐにするのは何ですか？
・家に着くのは何時ですか？　帰ってから何をしますか？
・家に家族はいますか？
・放課後の習慣やルーティーンとなっているものは何ですか？

（4）「自己分析ツール　無料」で検索するとたくさん出てきます。一部有料のものもありますので、注意しながら探してみてください。下のQRコードのようなサイトもあります。こちらでは、自己分析ツールをまとめて紹介しています。

夜の習慣を分析してみましょう。

・子どもがいるなら、普段何時に寝かしつけますか？
・寝る前に、習慣として何をやっていますか？
・寝るのは何時ですか？
・何時間くらい寝ますか？

週末の習慣を分析してみましょう。

・普段、週末にしている活動にどのようなものがありますか？
・週末、家族や友人と何をしていますか？
・スムーズに翌週が流れるように、行っているルーティーンや習慣は何ですか？
・楽しみのために、何かやっていることはありますか？

チェックしてみましょう。

・あなたがリストアップした事柄のなかで、思ったより時間がとられるものは何ですか？
・空き時間に何をしていますか？　普段、どのようなものを食べたり飲んだりしていますか？
・意識的に、どれくらい運動をしていますか？

郵便はがき

料金受取人払郵便

新宿北局承認

6524

差出有効期間
2024年3月
31日まで

有効期限が
切れましたら
切手をはって
お出し下さい

169-8790

260

東京都新宿区西早稲田
3—16—28

株式会社 **新評論**
SBC（新評論ブッククラブ）事業部 行

お名前	年齢	SBC 会員番号 L 番
ご住所 〒 ― TEL		
ご職業 E-maill		
●本書をお求めの書店名（またはよく行く書店名） 書店名		
●新刊案内のご希望 □ ある □ ない		

SBC（新評論ブッククラブ）のご案内

会員は送料無料！各種特典あり！詳細は裏面に

SBC（新評論ブッククラブ） 入会申込書	※✓印をお付け下さい。 → SBCに 入会する□

読者アンケートハガキ

●このたびは新評論の出版物をお買い上げ頂き、ありがとうございました。今後の編集の参考にするために、以下の設問にお答えいただければ幸いです。ご協力を宜しくお願い致します。

本のタイトル

●この本をお読みになったご意見・ご感想、小社の出版物に対するご意見をお聞かせ下さい
（小社、PR誌「新評論」およびホームページに掲載させて頂く場合もございます。予めご了承ください）

SBC（新評論ブッククラブ）のご案内

会員は送料無料！各種特典あり！お申し込みを！

当クラブ（1999年発足）は**入会金・年会費なし**で、会員の方々に弊社の出版活動内容をご紹介する**月刊 PR 誌「新評論」**を定期的にご送付しております。

入会登録後、弊社商品に添付された**読者アンケートハガキを累計 5 枚**お送りいただくごとに、全商品の中からご希望の本を**1 冊無料進呈**する特典もございます。

ご入会希望の方は小社 HP フォームからお送りいただくか、メール、またはこのハガキにて、お名前、郵便番号、ご住所、電話番号を明記のうえ、弊社宛にお申し込みください。折り返し、SBC 発行の「**入会確認証**」をお送りいたします。

●**購入申込書**（小社刊行物のご注文にご利用下さい。その際書店名を必ずご記入下さい）

書名　　　　冊

書名　　　　冊

●**ご指定の書店名**

書店名　　　　都道府県　　　　市区郡町

・時間を費やす事柄の共通点は何ですか？
・個人としての成長や楽しみに使う時間は確保していますか？
・効率重視になりすぎて、何も感じることなく仕事をこなすだけになっていませんか？
・自身の成長を見つめ直すだけの、頭と心の余裕はありますか？
・ここに挙げたようなことに選択肢はありますか？
・幸せだと感じていますか？

一週間の習慣を分析するにつれて、自分の時間感覚によって習慣がつくられていることに気づくでしょう。これで、健全もしくは不健全な習慣が見えてきました。残るは、自分自身と自分の強みについてより多くを学ぶだけです。

ステップ2　日々、十分な睡眠、健康的な食事、適度な運動を優先する

誰でも、自分を大事にすることの大切さについては分かっています。しかし、時として、「セルフケア」を「わがまま」だと感じてしまうものです。でも、金曜日の夜にワインを味わい、土曜日の朝にドーナッツを楽しんだとしても、ほとんどの日には健康的な食事をとって、活動的な、バランスのとれた生活を送っていればいいのです。

十分な睡眠、健康的な食事、適度な運動は、ゴールが定められているような習慣ではありません。体重を減らしてスリムになるための目標などは必要ないでしょう。ただ、適切な食事と日頃の運動は、閉塞感や過去のトラウマ、落胆や不安に苦しんでいる人たちが抱えている心の健康を改善してくれるものです。生活習慣を見直してよいものに変えていくこと、それが元気を取り戻す際の後押しとなるでしょう。

ここまで、日々の習慣やルーティーンをチェックしてきましたので、それをより健全なものに調整していきましょう。こんな具合です。

❶家族全員（とくに自分）が早く寝られるように、以前の習慣を捨て去る。
❷学校がはじまる前に、ジョギング、ウォーキング、ヨガなどをするために少しだけ早く起きる。
❸カロリーオフのコーラの代わりに水を飲む。それも、十分な量を。

これまでの習慣を変えることの難しさは誰でも知っています。しかし、心の疲れや閉塞感の克服があなたにとって重要だと思うならば（私は重要だと思います！）、健康的な生活習慣のもとで自分をケアしたいのではないでしょうか。健康的な生活があなたの心身を強化し、あなたの強みを伸ばすとともに、その強みを活かす新たな方法の発見につながるでしょう。

ステップ3　「クリフトン・ストレングス」の自己分析テストを活用する

一般的な教師の場合、年に三度の教員評価という機会があると思います。その際に私たちが注目するのは何だと思いますか？　そう、欠点です。もちろん、教師として自分の実践を振り返って改善するというのは非常に大切なことです。ですが、そこにだけ注目してしまうと不幸になってしまうだけです。

「クリフトン・ストレングス」の自己分析テスト(5)は、質問によってあなたのDNAに埋めこまれた独自の才能を見いだすものです。

結果を読み、プリントアウトして、書かれていることにマーカーを引いたり、言葉をマルで囲んだり、関係ないところは二重線で消したりしましょう。あなたの才能に関する結果をしっかり考えましょう。心から考え、理解するように努めるのです。

（5）　インターネットを介してテストができます（有料）。(https://www.gallup.com/home.aspx) 日本語に翻訳されたサイトもあります。また、トム・ラス／古屋博子訳『さあ、才能（じぶん）に目覚めよう　新版　ストレングス・ファインダー2・0』（日本経済新聞出版、二〇一七年）にはそのサイトのシリアルコードが付属しており、自分でテストができるようになっています。訳者の一人も挑戦してみました。約三〇分のテストで、負担は少なかったです。ちなみに、そのときの結果の上位五つは、「学習欲」「収集心」「個別化」「アレンジ」「達成欲」でした。概ね自分でも理解している資質でしたが、意外なものもあり、自分を見つめ直すきっかけとなりました。

・もっとも優れた結果として発見できた才能は何ですか？
・自分でも驚いたことはありましたか？

あなたが人生において選択し、成功を収めるかどうか、日々の習慣が成功（失敗）への鍵となるでしょう。
人は誰でも有用なスキル、輝ける才能をもっています。誰もが世の中に貢献できるのです。そうしたスキルや才能を伸ばすための時間を生みだすという習慣を見いだすために、あなたの個性と強みを探究しましょう。

ステップ4　あなたにピッタリの健康的な習慣をつくる

ここまで、日々のルーティーンや習慣に取り入れるべきもの、やめることを分析してきました。そのためのワークも行いました。エイミー・モーリンは『メンタルが強い人がやめた一三の習慣』（長澤あかね訳、講談社＋α文庫、二〇一九年）という本で次のように述べています。

自分より人を優先させるのも、自分は必要とされている、と感じる手段の一つだ。……こうして、常に他人の感情や人生にエネルギーを注ぐのがクセになってしまう。（前掲書、九

（一五ページ）

定員いっぱいとなっているあなたのクラスに管理職が生徒を編入させようとしても、あるいは、あなたのクラスで素晴らしい成長を遂げた生徒を「別のクラスに移そう」と言われても、「ノー」とは言えないでしょう。しかし、あなたの基本的価値観や仕事の実現目標、あなたが尽くしたいと思う人々、そして人生の大きな実現目標に照らしたとき、許容できない部分に関しては「ノー」と言えるはずです。

お気づきかもしれませんが、「イエス」と「ノー」は表裏一体なのです。仲間や上司をがっかりさせないために「イエス」と言えば、その一方で、自分の健康や幸福、家族に対しては「ノー」と言っていることになります。この事実に気づかなければ、またしてもやりすぎたり、自らを粗末に扱ったりしてしまうでしょう。

仮に、あなたは自分の周りのすべてに「イエス」と言うのが習慣となっており、強みや弱み、そして楽しめるかどうかについて無頓着な人だとしましょう。その場合、そうした習慣は、あなたの成長や強みを伸ばす機会に「イエス」と言わせないことになります。

いつ、どんなふうに「イエス」もしくは「ノー」と言うのか、それは習慣であって、練習さえすればできるスキルなのです。

「ノー」というのは強い言葉です。発音も、書くことも簡単なのですが、誰かに言おうとすると、どうしてこんなにも難しいのでしょうか。

学校や教室の文化として、「にこやかにうなずくことこそが大事だ」という面を私たちは受け入れてきました。心の中で「絶対イヤ！」と叫んでいたとしても、周りの人はあなたが「イエス」と言うことを期待しているのです。ですが、時間やお金、エネルギーにも限界というものがあります。限界を自分で設定しなければ、ほかの人に、いったいどうやってそれを尊重してもらうのでしょうか(6)？

もし、自分自身に「イエス」と言いはじめたならば、他人に対しては「ノー」と言うことになるでしょう。もちろん、その際にはぶっきらぼうな言い方をしないでください。大声で言う必要もありません。ただ言葉にするだけです。次のような感じなら言いやすいのではないでしょうか。

・お気遣いはありがたいのですが、今すぐにはちょっとできません。

・ほかにやらねばならないことを抱えていて、今すぐにはできません（やらねばならないことというのは、子どもと公園やプールに行くことであってもかまいません）。

・お気づきと思いますが、ちょっと今はできません。六か月くらいしたらもう一度言ってもらえますか？　そのころにはスケジュールも空くでしょう。

「イエス」か「ノー」かを決定するにあたって、現在の習慣とプライベート、仕事上での目標、基本的価値観を考慮しましょう。たとえば、あなたのゴールが心の疲れを克服することにあり、自分で何とかできる問題点が体調面にあるのなら、夜更かしすることには「ノー」と言い、早起きして運動することに「イエス」と言うのです。甘い炭酸ジュースの代わりに水を一日中飲み続けることに「イエス」と言い、週に一度は自分にご褒美をあげるというのもいいでしょう。

（6）　翻訳協力者から、「『ノー』と言うことの難しさは日々感じます。当たり前のようにやっている仕事も、本当にここまでやる必要はあるのだろうか、と感じることが多々あります。より丁寧に、より配慮して……と積み重ねていくと終わりはありません」というコメントが届きました。思い切ってやめてみる、それが必要な場合もありそうです。

ギブ・アンド・テイクが閉塞状況の特効薬となります。

ステップ5　気分を変える前向きな習慣を身につける

自分の生活やルーティーンによい影響をもたらすためであれば、日々の活動や習慣は身につけられるはずです。意識的な訓練を必要としますが、モヤモヤとした気持ちのときでさえ、悪いことから良いことへ目が向けられるようになるでしょう。

・一五秒間笑ってみましょう。
・三回深呼吸してから授業をはじめましょう。
・「私は幸せ。私は穏やか」と言いましょう。または、「これでよし、行動に移そう」と言いましょう。
・仕事の帰り道、あるいは夕食後に、あなたの恋人や配偶者、ルームメイト、母親と語りあいたいような、面白くて前向きな話を毎日ノートに書き留めておきましょう。

課題を乗り越える

「そうは言っても、この部活動の指導は私にしかできないのです。もし私がやめたら、新しい顧問が私と同じようにやれるとは思えません」

エキスパーツ・アカデミー創設者であり、「世界最高のビジネス・トレーナー」と呼ばれているブレンドン・バーチャード（Brendon Burchard）は、『High Performance Habits（高いパフォーマンスを生みだす習慣）』（未邦訳）という本のなかで次のように書いています。

> できるかどうかは必ずしも重要ではありません。できることはいくらでもあるのですから。そこで、「どうすればもっとできるか？」から「どんなふうに生きたいか？」へと問いを変換するのです。この問いは、考えや行動を実現するものであり、努力を通して自身の成長や幸福、満足を得るためのものです。

あなた自身の際立った強みを活かし、最適化された習慣を続け、「どんなふうに生きたいか」について考えましょう。そうすれば、自分の成長に関係なく、無理やり仕事の幅が広げられるような状態から自由になれるはずです。

あなたの基本的価値観を認めてくれるような大切な人たちがいるならば、あなたは健康的な習慣や考え方のもと、その人たちのために強みが活かせるでしょう。こうしたギブ・アンド・テイクが閉塞状況の特効薬となります。

たとえ誰かがあなたのように「うまく」できないとしても、あえて尋ねてみましょう。

「なぜ、そう言い切れるのですか？　もしかしたら、その人のほうがあなたよりスポーツの指導が上手かもしれませんよ」と言えば、誰かに強みが発揮できるチャンスをあなたが提供していることになります。

「仕事で楽をして、定時で帰っているように思われてしまいます」

エレノア・ルーズベルト　Anna Eleanor Roosevelt, 1884~1962、フランクリン・ルーズベルト大統領の妻）は、「誰がどのように思おうとも、私の知ったことではありません」と述べています。この言葉を心に留めておいてください。

あなたは、すでに現状と異なる何かを信じ、考え、感じ、そして行動をはじめているのです。だから、周囲の人が批評したり、訝（いぶか）しんだりするのも無理はありません。しかし、自分の強みや習慣を強化していけば、新たな方法で自分の可能性は伸ばせます。あなたの足を引っ張って自分のところまで引き下ろそうとする人ではなく、別の人との新たな機会や意見に触れられるでしょう。

これまでなら「イエス」と言っていたようなこと（週に八〇時間以上働く、複数の委員会や部活動の顧問をするなど）に「ノー」と言いはじめれば、当然のごとく周りの人は気づきます。何人かは驚くかもしれませんが、同時にあなたは、それでも平気でいられることを学ぶはずです。

非常に残念なことですが、私たちが「ノー」と言えないことを、意識的に、あるいは無意識のうちに利用している人たちがいるのです。

自分なりの理由を準備しておきましょう。周りの人には、おかしくなったわけではなく、ただ予想外の変化をしているだけだ、と理解してもらいましょう。また、休養や家族のために（あるいは、基本的価値観やそのほかの理由のために）仕事に区切りをつけたいだけなのだ、ということも分かってもらいましょう。

ハックが実際に行われている事例——ポーラ・B先生（高校教師）の場合

変化は、常に私たちの生活につきまとうものです。変化に順応したり、頑張って実現した変化から元に戻ったりすることは精神的にきつく、ストレスの要因ともなります。教師として私は、仕事上で常に変化を選択してきました。変化は一年間でも、一週間でも、時として一分間でも起こり得ます。すべての教師が驚く統計結果だと思いますが、私たちは授業時間である六時間の間に一五〇〇件を超える判断を行っているそうです。放課後のチャイムが鳴ったころにはヘトヘトになっていても、まったく不思議ではないのです。

私にとっては、眠気よりもひどいのがこうした疲れです。疲れによって、かえって長い時間学校にいなければならず、ネガティブな独り言をつぶやいていました。最悪なのは、家族や自分のためのエネルギーがまったく残っていなかった、ということです。

幸いなことに私は高く評価されていましたが、生徒のためにベストを尽くしていたとは思えませんでした。だから、何度も指導案を書き直していました。あるときなどは、二つの授業の合間に改良を施していたぐらいです。

完璧を目標としていた私は、完璧な指導案を完成させたいと思っていました。授業の振り返りに全力を尽くし、悪い部分を改善する計画を導きだしたいと思っていました。気づけば、仕事のストレスや不安によって、もはや教師としての楽しさはなくなっていました。

私は教師という仕事を愛していたのですが、そのころは自分に嘘をつき、採点などのプレッシャーが理由で、健康管理や運動の時間などはさっぱりとれませんでした。友達や同僚は、私について「学校内で輝きを放っている」と言ってくれていましたが、私が変わらなければそれも消えてしまうと自覚していました。すぐにでも行動に移して、燃え尽きてしまわないように考える必要があったのです。

強みの一つは、生徒との関係づくりでした。教育は、州が定めたスタンダード（日本でいう学習指導要領）を生徒に教えるだけではありません。教育には、生徒を伸ばすことやカウンセリング、生徒の課題を見つけることなども必要とされています。

私の場合、十代である生徒の問題解決を手助けする力が必要だ、と感じていました。また、私の所属する教育委員会には介護の専門家がいなかったため、私が特別支援教育の専門家として務め、介護士の役割も果たしていました。幾度となく私は自腹で昼食代やガソリン代を払い、保護者に代わって生徒のアルバイト先まで迎えに行っていました。

私は、すべての生徒との間に「一線」が引けませんでした。しかし、自分のためにガイドラインとシステムをつくることはできます。自分でコントロールできないような状況は見送って、コントロールできる問題について一緒に解決策を考える必要があったのです。自分の状況をよく考え、助けを求めるようになって初めてその深刻さを実感しました。

私は、学校での仕事をやり繰りする方法を見いだしてくれる人を探しました。また、教員人生についてのマインドセットを変える必要もありました。生徒のために「ウェルネス・サミット」を見たり、成長マインドセット(7)についての本を読んだりして専門家を探しました。さらに、ポッドキャストを聞き、論文を読み、専門書も購読しました。

教師は、生涯にわたって学び続ける人としてのモデルであるべきです。私は助けを必要として

(7)　『マインドセット「やればできる！」の研究』（キャロル・ドゥエック／今西康子訳、草思社、二〇一六年）、『オープニングマインド』（ピーター・ジョンストン／吉田新一郎訳、新評論、二〇一九年）などを参照してください。

いました。常々、生徒には「困ったら助けを求めるように」と伝えてきました。ですから私は、自分が行っていたアドバイスに従ったのです。つまり、自分から助けを求め、調べることを通して私は習慣を変えたのです。

私の新たな習慣とそこから得られるものはとてつもなく、驚くべき変化を仕事にもたらしました。教えることが私の仕事ですが、だからといってそれが私自身ではありません。とにかく、私の目標は、毎日、生徒のためにベストを尽くすというものです。

マインドセットを変えることによって、カリキュラムをつくり替えるだけでなく、生徒に教え、目標に基づいて成績をつけ、一日が終わるようになりました。また、自分の計画どおりでよしとして、授業ごとの振り返りはしなくなりました。自分の行った評価を見返せば再度教えるべきところが分かりますし、今ではそのことを面白いと思っています。

また、仕事場の同僚に多数存在しているネガティブな「**ねいちゃん**」とサヨナラするためには、意識的な努力が必要でした。ネガティブな考えではマインドセットは変わりません。現在では、授業の合間や始業前、放課後にドアを閉めて、一人で仕事をしています。そうすれば一日がより生産的なものになりますし、ネガティブな考えがどこかに行ってしまいます。廊下で同僚が学校に関する愚痴を話し合っている間に、すこぶるにこやかな状態で退勤するという状態はとても晴れやかなものです。

幸いにも、私の勤務する学校には、素晴らしい支援をしてくれるＩＴ部門があります。昨年の私の目標は、そこの学習管理システム（ＬＭＳ）を使ってみることでした。

生徒の多くがプログラミングの授業に参加していますが、時には授業を欠席します。私は指導案を改善し、オンラインでの週の計画を組み立てたいと思っていました。そうすれば、私の授業に生徒が来ない場合でも単位を落とすことがなくなります。そこで、学習管理システムを活用して週間計画をつくりました。これで、私のクラスの生徒は、取り組みをその場で自己評価することが可能となりました。それゆえ、「前回の授業で何をしましたか？」といった定番の問いかけも不要となりました。

システムの導入には、挫折を伴いながらも振り返り、改善に努めました。学習管理システムを習得するというのは簡単ではありません。何度も諦めそうになりましたが、その都度、机に山積みとなっている生徒のプリントを思い出し、明日の返却に間に合わせるために授業時間を無駄にしていたことを想起しました。そして、ついに学習管理システムを使いこなし、成績もうまくつけられるようになったのです。

これで、成績をつけてから、それをわざわざ成績表に転記する必要がなくなりました。学習管理システムと成績表は同期されるようになっているからです。私のような、短文回答と作文のみを課題とし、成績づけが面倒な人にはもってこいと言える方法です。私にとっては、これまでのなかにおいて一番の改善でした！

閉塞状況への対処について私ができるアドバイス、それは「正面から向きあう」ということです。何がコントロールできて、何ができないかを自分に問いかけ、課題を絞るのです。

私は、授業を通して生徒の成果を管理するということを課題としました。授業には概ね満足していました。うまくできないときには、個別に生徒を支援すればいいのです。イラストや写真、面白いフォントなどで授業をビジュアルで楽しいものにする必要はありません。指導内容とそれの提供の仕方がもっとも重要なのです。生徒との関係づくり、学びとは生涯にわたるプロセスであると示すこと、そして授業を楽しくすることが私の教育哲学において重要な部分となります。それこそが、私が教師をしている理由なのです。

もし、また心が疲れた状況になってしまうのでは、という考えがよぎったとしても、簡単にそこから立ち直れると思います。すでに対処方法を身につけていますから。困難があったとしても、私はそれをよく調べて克服するでしょう。加えて、私のＰＬＮ（二九ページを参照）のコミュニティーの友達なら、強みにも気づかせてくれるでしょう。それゆえ、教室のシステムを合理化するための新たな習慣づくりのヒントも見いだせると思います。

私の結論は、鏡のなかの自分に向かってきちんと問いかけることです。

「これは、私がコントロールできるものか否か？」と。

ひとたび閉塞感にとらわれてしまうと、さらなる深みに引きずりこもうとするネガティブな考えや習慣がまとわりついてきます。また、内容が生徒のニーズに合っているのか、教師としてのあなたの強みや価値観を活かしているのかどうかということよりも、授業の見栄えをよくするための選択肢や誘惑が数多くあります。

新学期、多くの教師たちが発信する「教室の様子」をＳＮＳで見るたびに私は不安になります。どの教室もかわいく、記事のフォントもまさにピッタリなのですが……。でも、そうした教師たちが過去の苦労をもとにして、自ら健全な境界線を引き、かつ生徒との時間を最大限に楽しめるように考えているのでしょうか。表面的には完璧であっても、時として、心の疲れとなる火種が内側でくすぶっている場合があるものです。

授業の目的に応じてやり方を変えたり、教室の環境を変えたりする習慣をあなたが身につければ、教師としての強みがより発揮できると思います。そうすれば、生徒を夢中にさせ、一緒に成功がつかめるようになります。

あなたの振り返り

<table>
<tr><th colspan="3">レベル４　あなたの「習慣」と「強み」を育む</th></tr>
<tr><td rowspan="4">ワークの下準備</td><td colspan="2">□習慣をリストアップしましょう。</td></tr>
<tr><td colspan="2">私の日々の習慣</td></tr>
<tr><td>仕事</td><td>プライベート</td></tr>
<tr><td colspan="2">□自己分析ツールをやってみましょう。
分析結果
私の強みは……</td></tr>
<tr><td rowspan="5">ワークの手順</td><td colspan="2">□ステップ１
一週間、日々の習慣を分析してみる。
※結果を上の表に記入。</td></tr>
<tr><td colspan="2">□ステップ２
日々、十分な睡眠、健康的な食事、適度な運動を優先する。
※上の表に記入した習慣のうち、直すべきところにチェックを入れてみてください。</td></tr>
<tr><td colspan="2">□ステップ３
「クリフトン・ストレングス」の自己分析テストを活用する。
※自己分析ツールの結果を上の表に記入。</td></tr>
<tr><td colspan="2">□ステップ４
あなたにぴったりの健康的な習慣をつくる。
自分が「イエス」と言うべき習慣は……

自分が「ノー」と言うべき習慣は……</td></tr>
<tr><td colspan="2">□ステップ５
気分を変える前向きな習慣を身につける。
私が取り入れたい気分を変えるための習慣は……</td></tr>
</table>

レベル5

可能性の発見

自分の可能性を見つけ、新たな挑戦へ

成長と喜びのために時間を使う

たくさんのことをしているからといって、
たくさんのことを成し遂げるとはかぎらない。
駆けずり回ることと進歩を混同しないように。

（デンゼル・ワシントン［Denzel Washington］俳優）

問題――あなたは、やることが多くて、新しいことを学んだり、楽しいことをする時間がないと感じている

シカゴ大学の実践研究によると、ほとんどのアメリカ人が忙しくしており、暇にしているときはないのですが、だからといってほかにやることもないと感じているそうです。この研究では、この状態を「怠惰嫌悪(たいだけんお)」と名づけていました。

私たちは真の成長をもたらす意義深い仕事をするよりも、生産的ではないことに対して忙しくするといった生活スタイルを選んでしまっているようです。たとえば、注意が必要で意義深い仕事から逃げるために、急ぐ必要のないメールへの返信をしてしまうといった具合です。(1)

あなたにも覚えがありませんか? 「怠惰嫌悪」を感じることはないですか? 考えてみてください。しばらく会っていなかった人にばったり出会って、最近どうしているかと尋ねられたとき、何と答えていますか?

「最近ですか、いやー忙しいですね!」ではないですか?

もちろん、忙しいことが悪いとは言いませんが、「忙しい」と言いたいために忙しくしているような状態は思考停止の言い訳でしかありません。取り入れるべき新たな習慣、距離を置くべき人、取り組まなくてはならない課題を思い浮かべてみましょう。「いつもの一日」でやり過ごすほうが簡単だと思っていませんか？　それとも、私が示したステップに従って元気を取り戻す方向に前進していますか？　たとえば、以下のようにです。

・閉塞状況のタイプとステージを特定すること。
・自己理解をすること。
・足を引っ張る人から距離を置くこと（「レベル2」の「蟹の足の引っ張りあい」を参照）。
・問題よりも解決策のほうに目を向けること。
・コントロールの余地がないと思いこんでいるような事柄には「ノー」と言うこと。

閉塞状況を克服するのは大変なことですが、あなたしかできません。自分の人生に積極的になることだけが、成長を見いだし、情熱を取り戻す唯一の方法なのです。本書を読んだところで、自分から変えようとしないかぎりは、毎日起きて、今までどおりの行動をして、家と学校の往復をするだけでしょう。

（1）　これを見事に描きだしてくれているのが「時間の管理マトリックス」です。これを画像検索するとたくさんの図が見られます。このオリジナルは、ステファン・コーヴィーが『7つの習慣——成功には原則があった！』で紹介していた記憶です。

訳者コラム　日本と海外の感覚の違い

日本の場合、平穏無事な教師生活と考えて、ここに記載されていることに対して肯定する人がいるように思います。しかし、本書では、「Cタイプ　無自覚型」とあまり変わりません。こうした海外との感覚の違いについて少し触れておきましょう。

海外では、教師はクビになることもありますし、自ら別の学校に再就職する場合もあります。日本の公立校の教員は、何事もなければ定年まで無事に勤められます。よって、改善や成長を求めなくてもクビになる心配はないのです。何年かすれば転勤するわけですから、別に成果を上げなくてもかまわないですし、転勤先も、行政によって振り分けられるのを受け入れるだけです。つまり、就職・離職と人事異動に関しては海外と感覚が違っているため肯定する人がいるのでしょう。

しかし、それが、目の前にいる生徒のモデルとなる生き方でしょうか？　本書の著者からすれば、「閉塞状況に陥っている人」そのものです。生徒に成長やチャレンジを求めるのが教師です。となると、自らに求めなくてもいいのでしょうか？

起床して（五時半には起きていますか？）、コーヒーを飲んでから家を出て、カーラジオで同じ番組を聴き、同じ人に挨拶し、同じような授業をして、同じような問題が起こり、遅くまで仕事をし、採点や授業計画を同じく持ち帰りの仕事とします。ベッドに行くまでに同じルーティーンを繰り返し、今日一日で何ができたのだろうかと考えることでしょう。

そして、別の日も、ほかの週であっても、冬休みや夏休みも、定年になるまで二〇年以上にわたって同じことを繰り返すでしょう。

二〇年ですよ！　同じことを繰り返すにしても長すぎませんか。きっとあなたは、自分のために新しい何かをしたいはずです。そう、何か異なることを。人生を新たな高みに導く何かを。

もし「レベル１」から「レベル４」までを実践に移してきたなら、あなたは自分の視点や時間、エネルギーに関して集中すべき対象を見つけて、人生を喜びであふれたものにするために切り開こうとしているはずです。

逆に、もしあなたが同じことの繰り返しで、得るものが少ない生活を送っているために閉塞感を抱いているとすれば、何かを変えるべきです。何かを新たに学ぶ機会を探し、旧来のルーティーンを打ち破るべきです。どうやって？　何からはじめればいいのでしょうか？　本章では、それについて学んでいきます。

改善するためのワークの方向性──自分の可能性を見つけ、新たな挑戦へ

あなたが置かれている現在の閉塞状況に焦点を絞っていきましょう。ここまで、過去の自分（おそらく、そんなにさかのぼる必要はないでしょう）について振り返り、深い自己探究を行ってきたので、もはや閉塞感や疲れの原因、それをどのように扱い、避けるかということ、そして自分が何者になりたいのかについては十分に理解していると思います。それらの成果を活かして、

自らについての新たな発見をもとに前進しましょう。

前章では、仕事とプライベートにおける時間の使い方を考えてもらいました。ここでは、さらに自己理解を深めてもらいます。自分の可能性を広げる、それがまさに今はじめていることです。十分に内面は探れましたので、今度はそれを外に向かって表す段階に移ります。

自分の成長戦略を考えて実行するより、考える必要があまりないコンテンツを消費していくほうが簡単です。かわいい猫の動画やSF小説があれば、より幸福で満足な気持ちになれるかもしれません。簡単に入手できますし、笑顔にもなれます。

図5－1をご覧ください。この三角形は、あなたの時間の形をイメージしたものです。三つの頂点それぞれが、時間の使い方を示しています。すなわち、「個人としての成長や喜び」、「生産性」、「忙しさ」です。現在におけるあなたの時間の使い方を示すとしたら（あなたがすでにつくっている活動リストに則って）、どのあたりに点を打ちますか？

私の目標は、あなたが打った点が「生産性」と「個人としての成長や喜び」の間に移行することです。その位置にさえいれば、あなたは現状を克服するために静かで内省的な時間を見つけるでしょう。

あなたの可能性を広げ、ぬるま湯につかった状態から抜けだし、定年まで「単に生きているだけ」という平凡な人生に安住しないようにしましょう。他者のサポートと自身の健康的な習慣を

図5－1　時間の使い方のイメージ

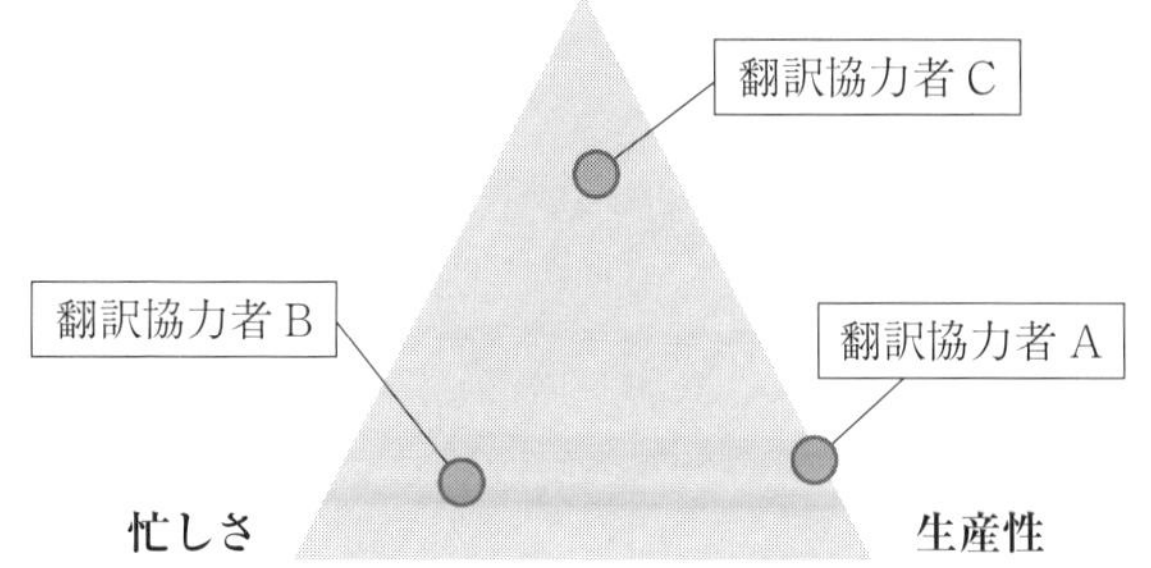

注・翻訳協力者の点の位置と、その理由も付しておきます。

A――忙しさを意識すると辛くなるので、前向きに生産性を高めていこうと心掛けています。そのうえで、個人としての成長にもつながれば「このうえなし」という感じです。

B――とにかく、毎日やるべきことの多さに忙しさを感じています。それが、自分のやりがいである教科や授業に関してではなく、校務分掌によるものなので、なかなか意欲が出ないことがあります。

C――基本的に、個人としての成長や喜びを満たすことを大切にして生活しています。自分自身がそうであることが、他者に対してもポジティブな影響を与えるはずだと確信しているからです。今の仕事に変わってから、忙しさに追いまくられることが少なくなっています。そのため、少し精神的には余裕が生まれています。余裕が生まれたことで、生産性を高めるアイディアが出てきやすいし、より効率的に時間が使えていると思います。

可能性を広げること、それはより多くのことを成し遂げようとするものではありません。むしろ、考え、夢を描き、計画する余地を見いだし、そこに自分の強みと願いを結びつけることです。

土台にして新たな可能性を見つければ、閉塞状況から抜けだし、バランスのとれた、充実した人生が送れるはずです。

可能性を広げることは、まさに無意識からマインドフルネスに変わることを意味します。ここでいうマインドフルネスは、一般に言われるような、座禅を組んだり、呼吸法を伴うトレーニングのことではありません（もちろん瞑想は、現状に目を向け、集中力を高める素晴らしい方法です）。ここでは、信念や問題、習慣など、変える必要のあることと、日々読んだことや見聞きしたことを結びつけるという意味になります(2)。

ここでのワークによって、あなたは自分の閉塞状況についてより深く考え、信念を変え、自分のブランドを築き、大きな課題の解決策を見いだし、自分でコントロールして楽しめるほどのよい計画がつくれるはずです。

エベレストに登れ、などと言うつもりはありません。次の仕事を見つけたり、別の州に移住することでもありません。かといって、日々の慰めとなるような本やポッドキャスト、動画に浸ることでもありません。ただ、「忙しさ」、「個人としての成長や喜び」、「生産性」のバランスはとりましょう、と言いたいのです。

止まったような時間の過ごし方を、学びや成長、可能性を広げるために計画した活動へとシフト（移行）させる必要があります。これらの活動を上手に選択できれば、困難を解決し、成長のための習慣づくりができるでしょう。

可能性を広げる、それはより多くのことを成し遂げようとする行為ではありません。考え、夢を描き、計画する余地を見いだし、自分の強みと願いをそこに結びつけることです。あなたの教員人生のなかでも、プライベートでも、どうすれば自分が成功を収められるのかについて考えてみてください。予測できない人生においてコントロールするためにどうしますか？　前向きで、成長志向の精神状態を維持するためにはどうすればいいですか？

あなたの現在の可能性を測るために、自分に問いかけてみてください。

・学校外の事柄で情熱を傾けられるものは何ですか？
・余暇に何を楽しんでいますか？
・学校外の世界で成し遂げたいことは何ですか？
・学校外でもつながっていたい人は誰ですか？

自分の答えをよく見つめ、さらに質問を深めてみてください。

（２）　訳者の一人が二〇〇五年に書いた『校長先生という仕事』（吉田新一郎、平凡社新書）では、これを「いろいろな視点から物事を捉えることができ、新しい情報等に心が開かれており、細かい点も配慮することができ、従来の枠の中に納まっているよりもはるかに大きな可能性を信じることができる」ことと定義しました。

・ある事柄／人物は、ぬるま湯状態から移行させてくれますか？
・もしそうなら、移行後にはどのようになりたいですか？
・短期、または長期の目標に向かって背中を押してくれそうですか？
・継続して成功を収め続けるために必要とされることを実行していますか？
・それらをやったり、そうした人々と行動をともにするための時間は十分にありますか？

可能性をどのように広げようとしているのか、自分に尋ねてみてください。

・読んでいる本はありますか？
・聞いているポッドキャストは何ですか？
・フォローしているのはどんな人ですか？
・YouTube 動画を見て刺激を受けたことはありますか？
・黙ったまま、何もしないようなときがどれくらいありますか？

このように自分に問いかければ、あなたははるかに前進し、可能性を切り開くための新たなステージに移行できます。(3)

ワークの下準備

スケジュールにコントロールされるのでなく、あなたがスケジュールをコントロールするようにしましょう。あなた自身のため、そして閉塞状況を克服し、成長するための時間を確保しようと思うなら、きっとできます。いや、すべきです。そうした時間を確保することなく、今より幸せで満たされた状態になることはあり得ません。

あなたの日々の習慣リスト、そして現状がどのようになっているのかを見直し、将来どのようになりたいのかについて考えましょう。そして、実行するのです。

---

(3)　訳者の一人は公立中学校の教員であり、それなりに多忙な生活を送っています。しかし、数年前からもう一人の訳者と交流するようになり、海外の教育関係書を読むようになりました。海外の教育に対する知識が増えた結果、日本の教育を相対的に見れるようになりました。また、こつこつと毎朝時間をつくり、少しずつ英語の本を読むことことに慣れていった結果、こうして翻訳をし、出版するまでに至っています。実際、仕事で忙しく、また嫌なことがあったときでも、翻訳にまつわる活動をしているときは気分が変わり、リフレッシュする効果がありました。また、翻訳を通して、多くの人と意見交換をすることができ、PLNも少しずつ広がっています。公立学校の枠を超えて、非常に有意義な研修をしていると言えます。読者のみなさんも、こうしたことができると思います。「レベル5」を参照して、ぜひ挑戦してみてください。

成長マインドセットを取り入れましょう

前掲したキャロル・ドゥエック（一五一ページ参照）は、著書『マインドセット』で次のように述べています。

それこそが、しなやかな心の持ち方「しなやかマインドセット[4]（growth mindset）」である。その根底にあるのは、人間の基本的資質は努力次第で伸ばすことができるという信念だ。もって生まれた才能、適性、興味、気質は一人ひとり異なるが、努力と経験を重ねることで、誰でもみんな大きく伸びていけるという信念である（前掲書、一三〜一四ページ）。

さらに、次のように続けています。

どちらの世界を選ぶかは、あなた次第。マインドセットは信念にすぎない。強いパワーをもつ信念だが、結局のところ心のもちようであり、それを変える力はあなた自身が握っている（前掲書、二四ページ）。

あなたが閉塞状況に陥った原因や最大の問題、そして、それらに対して何ができるのかということ。それらについて考えるのであれば、成長マインドセットを取り入れる必要があります。喜びと個人としての成長をもたらすものに焦点を当てたとき、仕事上だけではなくプライベートでもあなたの可能性は広がるでしょう。

自分に役立つ情報を探して活用しましょう

自分の喜びとなるものを探し、より良くなりたいと思うだけでは不十分です。その気持ちを実行に移し、日課とするのです。オンライン講座やポッドキャスト、YouTube動画には、あなたの助けとなるものがたくさんあります。一五分でもいいので、毎日それらを視聴するといった計画を立てましょう。

さらに、あなたの成長に役立つ本やブログ記事を探してみましょう。世界には、あなたの学びを成長させるために協力するといった人がたくさんいて、さまざまな情報を配信しています。そ

（４）　この引用部分では「しなやかマインドセット」と翻訳されていますが、本書では「成長マインドセット」と訳します。また、「成長マインドセット」に相対する心のもち方である、努力と経験を重ねても伸びないという信念（考え方）を「こちこちマインドセット」と訳されていますが、教育分野で話し合うときは「固定マインドセット」がいいのではないかと思います。

うした情報を自分のために活用しましょう。

ＰＬＮ仲間に連絡してアイディアをもらいましょう

ＰＬＮ（二九ページの訳注を参照）の利点は、あなたが仕事において日々会う人やネット上の人、またはその両方を含むところにあります。そうした人たちが、講座やポッドキャスト、本、ブログ、動画などで過去に役立った経験を紹介していますので、あなたも可能性を広げられるはずです。それらに触れて、もっと知りたい場合には直接尋ねてみるとよいでしょう。

ワークの手順

仮に、ネットフリックスをバッチリ視聴していても、愉快なユーチューブ動画を閲覧していても、オーディオブックでエンタメ本を聴いていても、ＳＮＳを眺めていても、何の問題もありません。

ただ、一度きりの人生において、何も考えずにあなたの可能性についてより深く学ぶ時間から逃げだすこともなく、バランスがとれていれば、という但し書きがつきますが。

ステップ1　喜びをもたらすもの、学びたいものを決める

あなたに喜びをもたらす活動や興味のある学びをリストアップしましょう。それがあなたの可能性です。大きな夢を描き、正直に書きだしましょう。

ステップ2　それらの活動により時間を割くためのプランを立てる

あなた自身がプランを立てるか、誰かに頼んで、あなたのニーズに基づいてプランを立ててもらうようにします。仕事とそれ以外に、どれくらいの時間を振り分けますか？　数字で表してください。一週間は一六八時間、一日は二四時間です。誰でも分かっていることですが、そこからきちんと詰めていきましょう。

・一日二四時間のうち、八時間を睡眠に充てていると思いますので（八時間は必要かと思います）、実際に生活をしている時間は一六時間です。

・これがあなたの許容範囲です。一六時間の使い方はあなた次第です。

あなたには時間を使う選択権がまちがいなくある、と言っておきましょう。あなたが現在の仕事を選び、何かに対して「イエス」と言い、住むところも、勤務校からの距離も決めているので

す。あなたがすべてを選択しているのです。ですから、「あなたの時間」の使い方を決めるのも「あなた自身」です。一週間のうち、仕事に何時間を振り分けますか？　五〇時間？　六〇時間？　四五時間？　すべてあなた次第です。計画用紙の一番上に時間の総量を書いておきましょう。

ステップ3　時間を見積もる

あなたなら習慣になっていると思いますが、お金のことに関して予算を組む場合と同じく、時間についても見積もりを立てましょう。やり方をお見せしましょう。**図5－2**を参照してください。

❶用紙の一番上に、あなたの時間の総量を書きこみます。それから、理想となる勤務時間のすべてを書きこみましょう。授業、授業計画、準備、採点、Eメールへの返答なども含みます。さあ、「週四五時間の勤務時間にしたい」と声高らかに宣言しましょう！（笑ってはいけません。可能なことです）

❷その下に曜日を書きましょう。

❸一日一六時間、週七日間、あなたが勤務する四五時間をどのように使うか選択しましょう。繰り返しますが、あなたが選べるのです。やる気が出てきたでしょう？

たとえば、こんな感じです。月曜、朝起きて、軽く運動、シャワーを浴び、朝の準備をします。子どもに朝食を食べさせ、子どもたちは遊んでからテレビを見る。または、あなたがパソコンを起動させてｅラーニングをさせる。ここまでで七時四五分です。

七時四五分から九時四五分まではＥメールに返信し、授業の準備をし、電話対応を何件かします。二時間が経過しました。四五時間のうち二時間を使いましたので、残りは四三時間です。

休憩時間に自分の子どもたちの様子を確認し、お菓子をつまみます。それからパソコンの前に戻り、授業計画と記録の時間です。明日の授業の準備ができたころには、あっという間に二時間が過ぎています。

次は、自分の子どもたちを世話する時間です。一時間半をとって家に戻ります。その間に昼食をとったり、散歩をします。車で仕事に戻ったら、管理職や何人かの教師と打

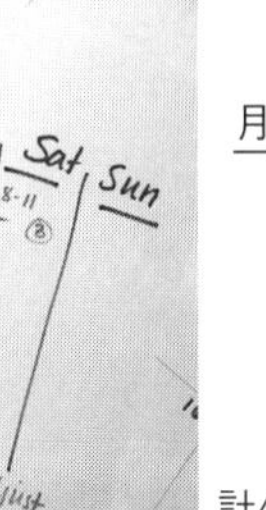

これは、教師の架空の設定によるスケジュールの例です。授業中のスケジュールについても、同じように組むとよいでしょう。

図５－２　仕事時間の見積もり

週45時間

月	火	水	木	金	土	日

計40.5（どこを調整して、どこに付け足すことができるか？）

ち合わせです。これが四五分。しかし、明日はいつもと異なり、九時から一一時まで四人の教師と協働で次年度の打ち合わせを行うことになっています。ですから、朝のうちに子どもの世話をしなくてはいけません。次の二時間は……。

一週間の計画が終わったところで土曜日に生徒の課題をチェックし、オンラインで返す必要があることに気づきます。でも、心配はいりません。三時間の見積もりを立て、土曜日の朝八時から一一時までを充てればいいでしょう。

一日における時間の見積もりを立てれば、次のようにより多くの時間がつくれるでしょう。

・家族と友達とのふれあいの時間（仕事に疲れ果ててしまったり、仕事と家庭のバランスが崩れていたり、あるいは仕事が憂鬱になっている場合）。
・自分が頑張りたいこと、修士号取得のための研究、授業で試したい新たなスキルを学ぶための時間（仕事に疲れ果ててしまったり、憂鬱になっている場合）。
・人間関係づくりのスキルを磨き、やる気を増すためにネット上の記事を閲覧する時間（人間関係に疲れ果て、すっかり嫌になっている場合）。

ステップ4　決めたことを「見える化」する

「計画倒れになるかもしれない」と恐れる場合もあるでしょう。ほとんどの教師は授業計画を立てているでしょうから、そのように思うのも無理はありません。しかし、残りの人生を偶然には頼りたくないものです。許容範囲を明確に設け、より良い習慣をつくり、自分の可能性をどのように伸ばせばいいのかについて、あなたは分かっているはずです。そのことを忘れないでください。いよいよ計画するときです。

実行するにあたり、優先順位をつけ、似たような仕事はひとまとめにしてカレンダーにリストアップしましょう。

まずは、一日あるいは週ごとに優先順位の高い仕事をリストアップします。ここでは、実際に行動が伴うものを挙げます（採点、授業準備、計画、保護者や生徒への連絡など）。そのリストにある似たような仕事に対して、同色のマーカーを引いて色分けしていきましょう（**図５－３**を参照）。

次に、カレンダーに予定時刻を書きこんでいきます。デジタルであれ、手書きであれ、先ほどのくくりでまとめていきます（**表５－１**を参照）。

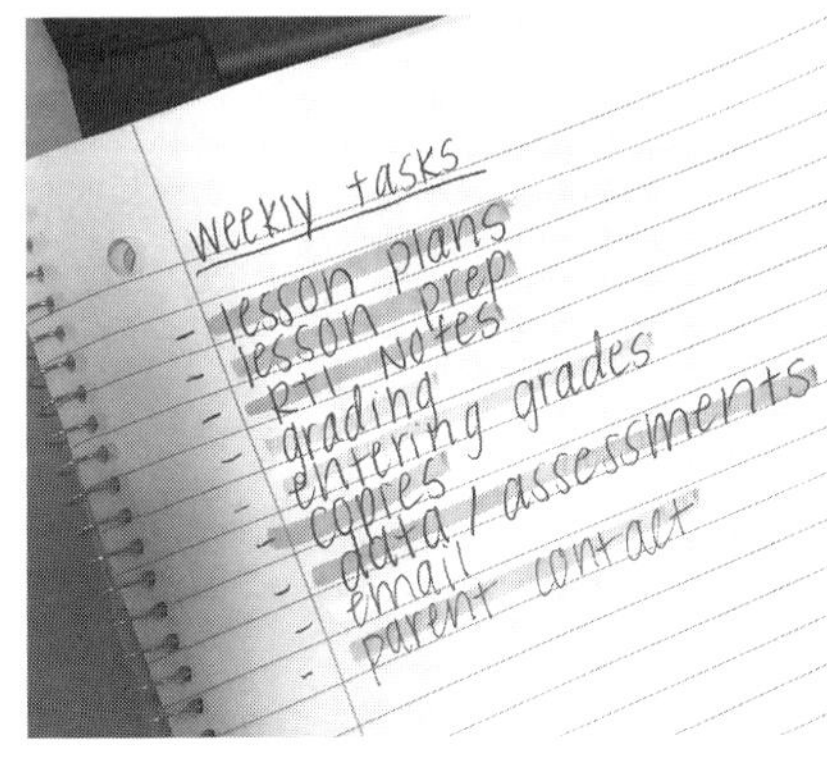

図５－３　１週間のすることリスト

・授業計画
・授業の準備
・個別の支援の記録
・成績つけ
・成績入力
・ほかの教師と協働で行う授業準備
・生徒の成績データと評価
・Ｅメール
・保護者との連絡

表5－1　週単位のスケジュール表

チェック6:30	チェック6:30	チェック6:30	チェック6:30	チェック6:30
生徒の活動チェック、フィードバック 7:00～9:00	生徒の活動チェック、フィードバック 7:00～9:00	生徒の活動チェック、フィードバック 7:00～9:00	生徒の活動チェック、フィードバック 7:00～9:00	生徒の活動チェック、フィードバック 7:00～9:00
算数と読み取りの記録 9:00～10:00	算数と読み取りの記録 9:00～10:00	算数と読み取りの記録 9:00～10:00	算数と読み取りの記録 9:00～10:00	算数と読み取りの記録 9:00～10:00
犬と子どもと散歩　10:00	犬と子どもと散歩　10:00	犬と子どもと散歩　10:00	犬と子どもと散歩　10:00	犬と子どもと散歩　10:00
メールチェック、返信 10:30～11:30	メールチェック、返信 10:30～11:30	メールチェック、返信 10:30～11:30	メールチェック、返信 10:30～11:30	メールチェック、返信 10:30～11:30
ランチ 11:30～12:15	ランチ 11:30～12:15	ランチ 11:30～12:15	ランチ 11:30～12:15	ランチ 11:30～12:15
他の先生と協働作業 12:15～13:15	他の先生と協働作業 12:15～13:15	他の先生と協働作業 12:15～13:15	生徒の活動チェック、フィードバック 12:15～14:15	翌日の準備 12:15～13:15
生徒の活動チェック、フィードバック 13:15～15:15	生徒の活動チェック、フィードバック 13:15～15:15	生徒の活動チェック、フィードバック 13:15～15:15	職員打ち合わせ 14:15～15:15	生徒の活動チェック、フィードバック 13:15～15:15
子どもと休憩 15:15～16:00	子どもと休憩 15:15～16:00	子どもと休憩 15:15～16:00	子どもと休憩 15:15～16:00	子どもと休憩 15:15～16:00
明日の準備 16:00～17:00	明日の準備 16:00～17:00	明日の準備 16:00～17:00	明日の準備 16:00～17:00	明日の準備 16:00～17:00
E メール、連絡　17:00	E メール、連絡　17:00	E メール、連絡　17:00	E メール、連絡　17:00	E メール、連絡　17:00

（注）この表は、コロナ禍における自宅勤務中のものと思われます。

ステップ5　意識的に一つのことに集中する

仕事を行う前に、自らに尋ねてみましょう。

・「忙しい」と見せかけるためにその仕事をしていませんか？　生徒の変容や自分自身のために、本当に緊急で重要なことですか？

・ほかの人でもやれるものではないですか？

・もし、自分がここに時間を使わなければ、誰かがおかしいと思いますか？

とりあえず、二五分のタイマーをセットします。そして、何をやるのか宣言しましょう。たった一つだけです。二五分間集中できる一つの事柄です。タイマーが鳴ったら、五分後に鳴るように再セットしましょう。ストレッチをして、何かを飲んで、トイレに行きましょう。そして、進捗状況をチェックし、さらに二五分が必要なのかどうかを決めましょう。

これは「ポモドーロ・テクニック（Pomodoro Technique）」と呼ばれています。一九九〇年初頭にフランチェスコ・シリロ（Francesco Cirillo）が開発したもので、トマト型のキッチンタイマーを使って仕事をしていたので「ポモドーロ」（イタリアのトマト料理）と名づけられました。一定時間、意識的に一つのことに集中し、効率を上げるための方法として有名になりました。

課題を乗り越える⑩

「どうやったって、スケジュールのなかで自分のやりたい事柄に割くための時間を見つけることができません」

「できません」と「見つける」という言葉が気になります。「できません」という言葉は「やりたくない」という心情を遠回しに伝える場合によく使われます。あなたも、生徒を見ていてお分かりでしょうが、「できません」という言葉は、難しいことに挑戦するときに使う便利な逃げ口上なのです。

大人だってそうです。私たちの脳はエネルギーを節約したがるものです。だから、難しいと思うことや、これまでに経験したことがないこと（新しい習慣とか考え方など）に遭遇すると、「できません」と言って逃げてしまうのです[5]。

次に「見つける」についてですが、時間を「見つける」というのは無理です。時間は「つくる」ものです。あなたにとって重要で、成長に役立つ事柄のために時間をつくることはできるでしょう。もし、「できない」と言うのであれば、それは言い訳でしかありません（「私には無理なんだ……」というのは、くよくよする「**くうちゃん**」の仕業です）。

「自分が何を望んでいるのか分かりません。常に疲れ果てており、仕事にうんざりしています。もう、時間なんてないんです。情熱もなければ、喜びもありません」

それこそ、可能性を切り開き、新たな考え方や習慣が得られるチャンスかもしれませんよ。ですから、「レベル１」から「レベル４」までの内容をよく理解して、実行することが大切なのです。あなたは、すでに自分自身について深く理解していますし、自己発見と新たな習慣づくりのために時間を使っています。それ自体が継続的な成長をもたらすのです。

「もし、忙しくなくなったら怠けてしまうと思います」

自分に嘘をついている状態ですね。だいたいは予想がつきます。仕事で疲れていることを誇りに思い、ＰＴＡ

(5)　本書の姉妹本である『質問・発問をハックする』（コニー・ハミルトン／山﨑亜矢ほか訳、新評論、二〇二一年）では、一章を割いて、生徒たちに「できません」、「分かりません」とは言わせないための対策が詳しく書かれていますので、ぜひ参照してください。

の仕事にいかに時間をかけているか、あるいは祖父母参観の日に向けて午前二時まで眠い目をこすりながら仕事をしたとかのように、密かに自慢したいだけではありませんか。

それらは自分で選んだことですよね？　それらは絶対に必要なことですか？　その答えは、あなたが一番知っているでしょう。

「レベル２　ブランドの確立」で述べたように、自分に対してどのように話しかけるのかについてもあなたは選択しているのです。「レベル３　困難の焦点化」では、あなたの現状を見つめる方法についてアドバイスをしました。確かになってきた事実に基づいて判断しましょう。

ハックが実際に行われている事例――ホリー・T先生（学校図書館司書）の場合

より良い教師となるために専門書を何冊も読んできました。しかし、「より良い自分」になるための本を読んだときが一番しっくりきました。それからは、ポッドキャストやオーディオブックで「本を聴き流しながら」過ごすようになりました。来る日も来る日も、通勤すれば洗濯物の山、それを片づければ床掃除です。しかし、私のなかでは言葉や考えが変わりはじめていました。これまで、自らの行動の大部分をコントロールしてきたと思っていましたが、実際にひと息ついてゆっくり進めてみると、頭が働き、行動もしやすくなりました。

とくに、時間管理に関する本を読んだときが一番でした。「することリスト」がなぜ進まないのかが分かり、自由時間をどのように過ごすか、という新たな視点が得られました。『人生を変えるモーニングメソッド――朝時間が自分に革命をおこす』（ハル・エルロッド／鹿田昌美訳、大和書房、二〇一七年）を読んで、家族より三〇分早く起きればより幸せになれるし、子どもに無理やり起こされるよりも目覚めがいいと悟りました。また、一日のはじまりに運動を三〇分すれば、その日に取り組む姿勢が明確に変わることも体験しました。

目覚めてからの一時間が辛いことは分かっていましたので、難しい仕事は日中にやるようにしました。学校図書館での仕事の片づけ方、また時間を整理の仕方についても参考になりましたので、集中することで多くの仕事がより短時間でこなせるようになりました。

読んでいる本やブログ、ポッドキャストも、（本当に）厳しい状況でも心地よく感じられるようになりました。かつてなら、ワインを飲みながらダラダラとテレビを見ていたことでしょう。しかし、そうした「心地よさ」では満たされないことに気づきました。酔いが覚めれば、それまでの感情や問題は棚上げにされたままですし、罪悪感が生まれます。

夫と口喧嘩をしたときなどは、お気に入りとなっているお母さん用のポッドキャストで、ハンドルネーム「コーヒーとパン粉」さんの結婚生活について書かれているブログ記事を見ました。その女性はまるで私とそっくりな状況で、喧嘩をしては仲直りしている様子や、幸せな結婚生活を送っている様子について話していました。これらを読むことで、私は孤独感を抱かずにすみました。

学校が大変だった日には、同じくポッドキャストで、教師の大変さや、問題解決のために特別なやり方をしている様子を聞きました。そのおかげで、失敗しても落ちこみません。

深刻な手術が必要になったときも本を読み、不安を和らげ、感情をコントロールする方法を知りました。また、ガブリエル・バーンスタイン（Gabrielle Bernstein）が著した『世界はあなたの背後に広がっている（The Universe Has Your Back）』（未邦訳）という本が、人とのつながりを感じさせてくれました。

親しい友達を癌で亡くした際、辛い気持ちのなかにいながらも、本がほかの人の悲しみに対する向きあい方を教えてくれました。本が、笑ってもいいのだ、と語りかけてくれたのです。まるで専門家にアドバイスをされているような感じでした。

私は、本を通して感情や考え方にかかわる言葉を読みあさりました。理解を深め、ネガティブで、押し潰されるような気持ちや考え方から立ち直る心情が湧きあがったときこそ仕事ができて、幸せで、より良い教師、母親、妻、友達でいられたからです。

学校図書館の司書として私は、本には「魔法がある」と常に思っています。私の場合は、自己啓発本を読むことで、人生のすべてにそうした魔法が行きわたると感じています。

あなたが感じている現在の閉塞感や状況は成長の機会であり、あなたの人生を劇的に変えるきっかけになると思います。目の前に岩があったら、とるべき行動は二つです。乗り越えるか、その場であきらめるか、です。その場で諦めたほうが、難しいことや怖いこと、またこれまでと異なることもないので楽かもしれません。しかし、不幸で独りぼっちでいることも、同じくらい辛い状態ではないでしょうか。

もし、あなたがこの閉塞状況を自分の人生を変える機会と捉え、果敢にチャレンジして、自分や同じような人を引き上げたなら、仕事上でもプライベートでも成長できるでしょう。いずれにしろ、あなた次第なのです。

次は、行動を選ぶ段階になります。たとえ難しくても、あなたなら困難や危機に立ち向かえるでしょう。すでに、より元気な教師（人間）になれたとあなたは気づいているはずですから。

あなたの振り返り

<table>
<tr><td colspan="2">レベル５　可能性を広げ、さらにその先へ進みましょう</td></tr>
<tr><td rowspan="3">ワークの下準備</td><td>□成長マインドセットを取り入れましょう。
成長マインドセットについての記事や本を探して読んでみましょう。</td></tr>
<tr><td>□自分に役立つ情報を探して、活用しましょう。
自分が気になるのは何についての情報ですか？
・
・</td></tr>
<tr><td>□ PLN 仲間に連絡してアイディアをもらいましょう。
誰に連絡したら教えてもらえそうですか？
・
・</td></tr>
<tr><td rowspan="5">ワークの手順</td><td>□ステップ１
喜びをもたらすもの、学びたいものを決める。
私がぜひ学びたい、興味をもっている事柄は……</td></tr>
<tr><td>□ステップ２
それらの活動により時間を割くためのプランを立てる。
１日のうち、新しいチャレンジにどれくらい時間を使いますか？

１週間のうち、新しいチャレンジにどれくらい時間を使いますか？</td></tr>
<tr><td>□ステップ３
時間を見積もる。
１日の時間をどのように使うのか、計算してみましょう。</td></tr>
<tr><td>□ステップ４
決めたことを「見える化」する。
１週間のスケジュール表をつくってみましょう。</td></tr>
<tr><td>□ステップ５
意識的に一つのことに集中する。
ポモドーロ法など、したいことについて自分が集中できる方法を見つけましたか？</td></tr>
</table>

レベル6

長期目標の設定

決めるべきは長期の目標

あなたの行きたいほうへの見通しをもつ

目標を定めることは、見えないものを
見える化するための最初の一歩です。

（トニー・ロビンス）*

（＊）本名は Anthony J. Mahavoric です。自己啓発書を著すなど、やる気に関するコーチです。

問題——どこにいても何も楽しくない。それでいて、何を望んでいるのか、どのように変えたらいいのかも分からない

高校の最上級生になったとき、私は長女を妊娠しました。当時、私の彼（現在の夫）はパデュー大学（インディアナ州）の一年生でした。誰もが「これからどうするの？」と尋ねてきました。私たちは、道は険しいけれど、大学へ行って学位を修得したいと思っていました。また娘に対しては、安定していて、楽しく、よいことがたくさんある人生をプレゼントしたいと願いました。

夫が一年生を終えると同時に引っ越すことを決めました。そして、同じ州のフォート・ウエィンにある大学へと二人で進学しました。現在住んでいるところの近くです。私たちはじっくりと人生の計画を練りました。これから起こることすべてに対して、答えや確実性があったわけではありませんが、三年後、五年後、一〇年後にどうなっていたいのかについて、私たちは文章で表しました。

私が高校を卒業した二か月後、二〇〇一年八月三日に娘が生まれました。その五年後、二〇〇六年一二月に私は大学を卒業し、教育学の学士を取得しました。夫はというと、すでに最初の学校に勤めていました。

別に運がよかったわけではありません。誰も、経済的なサポートをしてくれませんでした。私たちには見通しと目標があり、浮き沈みがあってもお互いにサポートをしあってきただけです。言い訳することもありません。歩みのなかでは、思いがけない障害や急な上り坂に立ち向かう必要もありましたが、何とかそれらを乗り越えてきました。すべて、見通しと目標あればこそ、でした。加えて言えば、計画とその立て直しを何度も行いました。

　これが、ここで述べるすべてです。「**目標を設定して、事をなし遂げる**」ということです。どんな障害や危機に出くわしても、目標を設定して、それを達成するための計画を立て、将来の姿を描き、厳しい局面においても前を向き続ける力こそが継続的に歩んでいく源となります。

　心が疲れ、情熱を失いかけている教師（あなた）こそ、人生を変えたいと願う強い気持ちをもち、明確な行動計画を立てる必要があります。日々、変化や挑戦に取り組むのです。変化や挑戦をよく見つめ、目標や計画、日々のルーティーンや意識に目を向け続けたときにこそ、元気を取り戻しつつある、と確実に感じるでしょう。

改善するためのワークの方向性――決めるべきは長期の目標

あなたはどんな目標設定をしていますか？　次の問いを読んで、目を閉じて、落ち着いて答えてください。(1)

・若かったころ、どのような目標を設定しましたか？　たとえば、中学校に在学していたときの目標を覚えていますか？
・高校卒業時は、どのような目標を設定しましたか？
・大学卒業時は、どのような目標を設定しましたか？
・今はどうですか？　最近は、どのような目標を設定しましたか？

最近の目標は、次のどれに似ていますか？
・私の目標は、一週間を無事にやり過ごすことです。
・何とかクリスマス休暇（あるいは、夏休み）が迎えられたらいいなあ。
・この停滞した期間が終わったなら、また幸せに暮らせると思う。待てよ、昔は幸せだったのかな？

・無事に一日をやり遂げること、そうしたら家に帰れる。
・あと一五年頑張れば定年だ。

一五年？　笑ってしまいますね！　そんなに長くやり過ごすことだけを目標にしていたら、自分の変化や成長の可能性を見失ってしまうでしょう。そのような状態を「生きている」と言えるでしょうか？　今も、この先も、ずっと言えないでしょう。もし、そんなふうに生きてきたとするなら、変えるのはまさに今です！

なぜ、長いスパンでの目標を設定することが大切なのでしょうか？　その理由は以下のとおりです。

・自分の背中を押し、道を開いてくれるからです。
・巨大な山さえも、歩いて登れるようななだらかな丘に感じさせてくれるからです。
・自分自身、そして自分の可能性を信じさせてくれるからです（「レベル5　可能性の発見」を思い出してください）。

---

(1)　翻訳協力者から「目標というと、将来の夢や職業を最初に考えますが、人生のそれぞれのステージで、どこで誰とどのように生きるのかということが目標なのですね」というコメントが届きました。自分に応じた生き方を設定する必要があると思います。

・自分が真に望むことに焦点が絞れるからです。
・人生の幸せ、人生の可能性を最大化してくれるからです。
・失敗しても、自分の責任だと思えるからです。

失敗を恐れるがゆえに、目標設定をやめてしまったことはありませんか？　キャロル・ドゥエックは『マインドセット』（一五一ページ参照）のなかで失敗について取り上げており、次のように述べています。

> 人間の基本的資質は伸ばせるものだと信じていても、失敗すればつらいのは同じこと。しかし、それで自分の評価が決まってしまうことはない。能力を伸ばすことができるのなら――自分を変化させ、成長させることができるのなら――成功への道筋はまだまだたくさん残されているからだ。
> （前掲書、五六ページ）

もし、あなたが過去に目標を設定して、失敗していたとしたら……それは、とてもよいことです！　その経験から何を学び、何を身につけましたか？　お

閉塞感は変化を促すものであり、これまでとは違う何かをするという大きな機会を与えてくれる。

そらく、目標設定が高すぎたとか、漠然としたものではなかったでしょうか？　心配無用です。そのことについては次章で扱います。おそらく問題となるのは、その目標を話す相手がいなかったこと、そして目標を達成するためのサポート役がいなかったことでしょう。

目標に向かう人は、誰でもサポートを必要とするものです。一人で闘う必要はありません。仲間に声をかけ、目標に向けて後押しをしてもらい、難問に立ち向かい、成し遂げるための手助けをしてもらいましょう。

「レベル5　可能性の発見」では、あなたに自分の可能性を広げるようにお伝えしました。何か変化はありましたか？　すでに行動に移しましたか？　もしまだなら、もう一度よく読んで振り返ってみましょう。その作業をしなかったら、これから示す段階はクリアできません。準備が整ったと思ったら前へ進みましょう。

ワークの下準備

書きだしましょう

自分の人生やキャリアでやりたいことを考えたのはずいぶん昔だなあと思うなら、今すぐ紙と鉛筆を準備しましょう。好きな飲み物もテーブルにセットしてください。

それでは、あなたの夢を考えてみましょう。あなたはさまざまなことに対して責任ある大人だと思いますが、だからといって、あなたや家族、キャリアの面で大それたことをしてはいけない、ということではありません。まずは書きだしてみましょう。もし、それらの夢が実現したらどのような感じがするのか、想像してみてください。

あなたがやりたいことを繰り返し、声に出してみて、成し遂げたときの気分になってみましょう

それを「自己暗示」と呼ぼうが「宣言」と呼ぼうがかまいません。大事なのは、あなたが自分のやりたいことをきちんと理解して、それを心の中で願い続けることです。『思考は現実化する』（田中孝顕訳、きこ書房、一九九九年）のなかで著者のナポレオン・ヒル（Oliver Napoleon Hill）は次のように書いています。

「（前略）このとき、あなたはもうすでにその願望を実現したものと考え、そう自分に信じ込ませることが大切である」と書いてあったはずだ。これを実行することによって、あなたは絶対的な信念を潜在意識に注入することになる。（前掲書、二一七～二一八ページ）

くだらないネットフリックスの特集やユーチューブ、ティックトックのおもしろ動画を視聴して「リラックス」するのもいいかな、なんて思っていると、すっかり心がどこかに行ってしまい、「マインドフルネス」どころか「マインドレスネス（頭が空っぽ）」になってしまいます。望んでいることに集中したいのなら、繰り返しそれについて考えるべきです。

毎朝、自分のやりたいことを書きだし、声に出し、それが成し遂げられたらどうなるのだろうかとつぶやいてみてください。さらには、就寝前にも書いてみてください。その効果に驚くはずです。(2)

感謝の気持ちを示しましょう

あなたがもっとも心を開く方法と言えば、すでにあるもの、手にしているものに感謝の気持ちを示すことです。家の屋根に感謝すること（五年も住みたいと思うような家ではないかもしれませんが）、現在の仕事に感謝すること（あなたが選んだ学校ではないかもしれませんが）、健康に

（2）翻訳協力者も同様のことを行い、実際に成し遂げたそうです。「かつて教員採用試験を受けていたころを思い出します。当時の倍率は一〇倍を超え、狭き門でした。そんななか、七年間講師を続け、三〇歳目前にこれをやりました。その甲斐あってか無事合格。声に出すこと、目標を表明することが目標達成の原動力になることを、身をもって実感しました」

感謝すること（あと一〇キロくらい痩せたいと思っているかもしれませんが）などです。こうしたさまざまなことに感謝を示せば、毎日、目が覚めて、大きな夢が見られるという「幸せ」を実感するでしょう。

もちろん、現在の閉塞状況に対しても感謝の気持ちは示せます。閉塞感は変化を促すものであり、これまでと違う何かをする大きな機会を与えてくれます。それによって私たちは成長し、傷ついている仲間とのストーリーが共有できるのです。

現状に感謝を示せるかどうかというのは、あなたが困難と変化の両方に目を向け、新たな方法で誰かのために尽くし、人を導き、何かを成し遂げる強さを身につけているかどうかを測るために、あなた自身の強さや習慣が試されているということです。その真意を自分に言い聞かせましょう。

同じ目標のグループを見つけるか、自分で立ちあげましょう

私たちは教師ですから、協働については心得たものです。しかし、同時に、授業と評価などといった教育観の異なる人同士が特定の話題について強制的にす、り、合、わ、せをさせられている、という事実についてもすでにご存じでしょう。

同じ目標、同じ価値観の人たちと、目標に向かうために情報を送受信したり、お互いにサポー

トできるようなグループをつくりましょう。

Ｅメールを送ったり、フェイスブックのメッセージを送ったり、ＳＮＳにあなたの目標を投稿したりします。もし、似たような目標を設定している人がいたり、連絡をとりあいたいと思えるような人がいたら、ぜひグループをつくってください。

ワークの手順

人生においてあなたが何を望んでいるのかを導きだすステップについて、今からお伝えします。調査やポッドキャスト、書籍、そして私自身の経験を取り混ぜて考えだしたものですから、忠実に、生真面目に、ここでお伝えする手順を守る必要はありません。どうか、自分なりのやり方でやってください。

もっとも大切と言えるのは、「目標はあなたのものだ」ということです。だから、それを発見するプロセスもあなたのものです。以下に示すステップは、一つのガイドくらいに思っていただいて、アレンジを加えていただいても結構です。そうすれば、あなたは自ずと創造的になり、大きな夢を描けるようになるはずです。

ステップ1　大きな夢について一人でブレインストーミングをする。「自分のために何がしたいのか?」と大きく夢を描く

最初のステップははっきりしています。五分のタイマーをセットして、あなたの大きな夢（仕事でもプライベートでも）をジャーナルや一枚の紙、あるいはデジタルのドキュメント・ファイルでもいいので、すべてを書きだしてみましょう。とにかく、すべてをアウトプットするのです。一年、三年、あるいは五年先のことを考えるのです。

迷ってはいけません。書くことに躊躇（ちゅうちょ）してしまいますか？　その必要はありません。安心してください。誰もあなたの頭の中を覗（のぞ）いたりはしません。

リストができたら、あなたが本当に望んでいることが見えてくると思います。書いているうちに、すべてが目の前に浮かんできます。リストを声に出して読んでみましょう（大きな声で叫んでもいいでしょう）。そのリストは、あなただけのものです。

ステップ2　昨年よかったことは?

次のページでは、別のブレインストーミングをしましょう。昨年、うれしかったことは何ですか？　うまくいったことは？　笑顔になれたことは？　仕事とプライベートの両面において、ど

んな出来事があなたを満たし、喜びにあふれた気持ちにしましたか？

ステップ3　昨年うまくいかなかったことは？

一方では、四六時中うまくいかなかったことにとらわれていたという面もあるでしょう。そうでなければ、閉塞状況にはなっていないはずです。それらをジャーナルや紙、パソコンに叩きつけてやりましょう。あなたの脳から追いだすのです。

「レベル３　困難の焦点化」で示した「困難」のリストを見返すとよいでしょう。それらも一緒に書きだしましょう。そのリストを見て、どれについて行動に移していくのか、と決断することが目的となります。

ステップ4　やろうと決意する事柄──来年はどんなことに「イエス」と言いますか？

それでは計画に移りましょう。来年、どのようなことをしたいのかを決め、すぐにでもはじめましょう。新年を待つ必要はありません。今後、実行に移すわけですから前進あるのみです。五分のタイマーをセットして、あなたが「イエス」と言って認めており、行いたい事柄をすべて思い描いてみましょう。

ステップ5 断る事柄——来年はどのようなことに対して「ノー」と言いますか?

「レベル5　可能性の発見」でも述べましたが、何か頼まれ事があったとき、「お断りします」とは言えなくとも「少し時間をください」とは言えますよね。そうした事柄は何ですか?　来年は断りたいと思う事柄は何ですか?　大丈夫です。前もって考えれば大概のことはうまく運ぶものです。

ステップ6 仕事上での目標——来年、三年後、五年後に何を望みますか?

すでにブレインストーミングを経て、おおよそのことは書きだしているでしょう。次は、仕事上での目標を書きましょう。それが最近のあなたの変化ということになり、「レベル7　意識的な行動」でも話題にします。

大まかに考えて、柔軟にやるようにしましょう。たとえば、「あと六か月」と言われたら大きな夢なんて描けませんよね。些細な行動と決意によって、あなたのキャリアによい影響がもたらされることに驚くと思います。

さあ、タイマーをセットしてはじめましょう!

ステップ7　プライベートの目標――来年、三年後、五年後に何を望みますか？

さらに大きく夢を描きましょう。私の場合、人生におけるもっとも大きな目標は、生まれ故郷を離れて、私たち夫婦が大好きな都市に移住することでした。これまでお金をかけてきた我が家のことを思うと気が遠くなるような目標でしたが、とにかく私たちは話し合って引っ越すことを決めたのです。もう何年も前のことです。

今度はあなたの番です。タイマーを五分にセットして、人生における決断をしましょう。

ステップ8　「今年の一語」を選ぶ

先のステップで挙げた事柄についてじっくり考えるときです、と言いたいところですが、もう少しだけ掘り下げておきましょう。「今年の一語」の検討に入る前に、少し以下の手順を踏んでみてください。

❶ここまでブレインストーミングした内容を振り返り、答えを書き足したり削ったりして編集しましょう。もしかしたら、興奮のあまり内容をすっかり忘れているかもしれませんから。

❷マーカーを手にして、繰り返し出てくる言葉や似たような言葉を探しましょう。そうした言葉にマーカーを引きます。

❸繰り返し出てくる言葉、似たような言葉を書きだしましょう。それが「今年の一語」の基となります。言葉をよく吟味し、一年にわたって意識したい「今年の一語」として、しっくりくるかどうか考えましょう。

❹お約束どおり、このあたりで休憩です。散歩に行くなり、昼寝をするなり、好きなことをしながら熟考してください。

❺言葉をしっかり吟味し、あなたがしっくりくるものにしましょう。真っ白な紙に「今年の一語」を書きましょう。お気に入りのやり方で、好きな色、好きなデザインで飾りつけるといいでしょう。もちろん、デジタル機器を使ってもかまいません。

ステップ9　自分の目標を再チェックし、「SMART（スマート）」を満たすようにする

二〇一六年のある日、私はマクドナルドで、友人と人生を変える方法について話し合いました。

当時、私は迷っていました。何かを変えようと思って行動していたのですが、どうもうまくいか

なかったのです。

二人で一、二年後の未来がどのようになっているのかと夢について語りあっていたとき、友人が「SMART」目標というものについて話しだしました。私には耳慣れない言葉でした。もし、あなたも知らないのであれば、教育学の分野で修士号の取得を目標としている教師のストーリーを例に挙げてお伝えします。その教師は「SMART」の頭文字をとって、以下のような目標を立てました。

S　Specific　明確に特定すること（何を、なぜ、どのように）

「私の目標は、興味ある分野の修士課程のコースをクリアすることです。今は学校にいたいとは思っていないのですが、教師や生徒とともに今後も働きたいと思っているから続けています」

M　Measurable　数値目標を立てること（長期目標と短期目標）

「○日までに修士号をとって修了したいので、○日までに○科目の単位をとりたいと思います。もしうまくいかないようであれば、目標設定を変えます」（覚書――全体のゴールとなる日付を設定するといいでしょう。また、そこから逆算して、いくつもの小さなゴールの日付を設定しましょう。）

A　Achievable　実現可能であること（納得でき、達成可能である）

「私が十分にやれて、楽しめそうな修士課程のコースを探そうと思います。家族が私の目標を理解してくれているので、サポートが得られると思います」

R　Relevant　自分との関連性があること（自分にピッタリである）

「調査を終えて、私の性格に合っている修士課程を決めることができました。次は、諦めることなく続けられるように、単位をとるためにかかる時間がどれくらいなのかについて計算したいと思います」

T　Time-Bound　時間を見積もること（タイムリミット、時間を気にかける）

「○月○日までにとりたい学位を選べば、そのための申請書を提出する時間がとれますので、この目標を達成するまで、自分と家族のために計画を立てようと思っています」

このステップを「細かすぎる」と思うでしょうが、「レベル５　可能性の発見」で得られたアドバイスをもとにすれば一時間程度でできるでしょう。ここに時間をかければ、あなたの望むことがはっきりします。これで、まちがいなく集中すべき目標が完成します。

課題を乗り越える

「もう、大きな夢や目標を立てるほど若くありません」

自分に対してそう思うなら、それが真実なのでしょう。あなたの現実は、あなたの考え方からはじまっており、あなたの信じたことが網様体賦活系（もうようたいふかつけい）（3）によって現実となるでしょう。もし、それが真実だと思いこんだら、あなたの脳は躍起（やっき）になってそれを証明しようとします。嘘ではないですよ。現実を変えるのに遅すぎるということはありません。信じましょう。そうすれば、今日から行動に移せます。

「ほかの人に、どうかしていると思われてしまいそうです。すべてが思い描いたとおりになるとか、夢を語るとか、そんなことをしたら笑われるのでは？」

このような発言は、夢を語りあうべき相手をまちがえていると言えます。足を引っ張る人と支えてもちあげてくれる人との違いを述べた際に蟹の話をしましたが覚えていますか？（八〇ペー

（3）その人がもつ関心事に対して、脳は情報を集めるのに鋭敏になるという機能です。

ジ以降を参照）これまでに、ちょっと立ち止まって、付き合う相手について考えたことはありますか？　あなたを引き止めようとする人と、あなたの背中を押してくれる人、どちらと一緒にいたいですか？

「今すぐにでも学校を辞めたいのです。でも、ほかのスキルをもちあわせていません」

閉塞状況を打破し、元気な教師になろうと努力しているからといって、学校や現場に留まる必要はありません。あなたが辛くて学校を辞めたいという状態ならば、誰に対しても「助け」とはなっていないでしょう。生徒、同僚、管理職も、おそらくあなたが辞めたいと思っていることに気づいていると思います。

教師は多彩なスキルを必要とする仕事ですから、ほかの職種でも活かせます。接客や作業工程作成、マネージャー、調停役、組織づくりなど、すべてうまくやれると思います。もちろん、お金と時間の許すかぎり、生計を立て、人生の目標にかなう仕事を探してもかまいません。

自分の居場所は教育界ではなく、「教えることができない」と言うならば、それもあなたの人生ですので、別の職業を選択してもいいでしょう。

実際の体験談から――サブリナ・M（コンピューターの総合職）の場合

私は仕事と上司との関係に苦しみ、大いなるストレスを感じていました。満足することがなく、周りからは軽んじられ、仕事への情熱は失われていました。もう一度、楽しく働きたいと願いました。

まず私は、自分の変化と、うまくいったこと、うまくいかなかったことをリストアップしました。仕事上での希望や上司との関係、態度などは、ここのところすっかり変わっていたようです。そう、心が完全に疲れていたのです。

サイト（二八ページ参照）でバーンアウトテストを行い、自分が教師の複合型バーンアウトであることに気づきました。そして、同じサイトから、ネガティブからポジティブにマインドセットを変化させる方法を学びました。

「教師としてのブランド」については、ほかの人が自分をどのように見ているのかを知るというワークに取り組んだ際、メールで同僚にアンケートを送り、自分の名前を聞いたときに思い浮かぶ四つの言葉を挙げてほしいと頼みました。このワークは自分のコンフォートゾーン（一〇一ページの注参照）の外に踏みだすことを意味しましたので、かなりの勇気を必要としました。

肯定的な回答も得られました。しかし、ある回答を見て私は見方が変わり、自分が不幸せなのではないか、と感じました。「意地悪で厳しい」と書かれていたのです。ちょっと待って、まさか私が……？

たしかに、たった一人の意見でしたが、それでも私は驚き、自分をもっと表出することを目標としました。そして、以前よりもほかの教師とラウンジで昼食をとるようにしました。彼らがどのようにやっているのかを聞きだし、彼らのニーズにより注意を払うようにしました。教師として私は、アプローチ上手でありたい、前向きでありたいと思ったわけです。

このようにして、ようやく私はコミュニティーのメンバーになれたのです。これまで私は、自分自身を独りぼっちにすることでネガティブなマインドセットを助長し、不幸を加速してきたと思います。

もう一つのワークとして、私は「今年の一語」を行いました。私が選んだ言葉は「リリース」です。

二つの意味をもっています。まず、ネガティブな考え（怒り、恨み、自分が過小評価されているという気持ち）を追いだす（リリース）こと、そして、より力強く前向きな考え方に変えて自らを解放（リリース）することです。つまり、集中して、自分のことをきちんとケアし、感謝の気持ちをもった自分になるということです。自分の選んだ言葉を忘れないようにと、その言葉が刻印された宝石まで買い求めました。

これを選択した、というところがポイントです。おかげで、自分の成長と、本質的な問題に目が向けられるようになりました。私は、思うような自分になれるような行動計画を立てました。そして、仕事や家族、友人により感謝を示すようにしました。また、コントロールできない事柄に対してはオロオロしなくてもよいと考え、その代わりに、コントロールできる事柄だけに集中したのです。

信頼できる同僚の何人かは、私の態度がずれているときにはそっと教えてくれました。このようなサポートのおかげで、私のやるべきことが軌道に乗ったのです。

私の関心事は、どうすれば生徒のためにベストを尽くせるか、ということでした。ですから、自分の授業に集中し、ほかのことには目もくれませんでした。アドバイスやガイドを受けて、仕事上での目標が一つ果たせました。それは、グーグル認定教育者資格[4]を取得したことです。これによって、ほかの人からの信頼とともに達成感が得られました。

プライベートの目標は、自分のケアをすること、そして前向きで感謝の気持ちを忘れないこと

（４）Google for Education の考え方や活用方法に関する資格です。ネット上で解説を理解し、認定を得られます。https://edu.google.com/intl/ALL_jp/teacher-center/?modal_active=none)

です。自分でも、マインドセットが変わったことがはっきりと分かります。その結果として、より幸せになれたような気がします。

今、ストレスを感じることはありません。「元気な教師（BURNED-IN）グループ」（四ページ参照）のサポートには、感謝の気持ちでいっぱいです。

目標を決めるのは、一年に一度とはかぎりません。一番やりたいことに向かっての進歩、そして、成長と幸せに寄与する行動について考え続けることはいつだってできます。

目標を設定するというのは、自分と、自分が尽くしたいと願う人たちのためにベストを尽くすことにほかなりません。目標を決めることで人生はよりシンプルになり、「ノー」と言える機会が増え、あなたが望む仕事においてキャリアを進める一歩となります。また、あなたがもっとも大事に思い、気にかけている人たちと目標が共有できるようになり、新たな次元でそうした人たちとのつながりが増えることにもなります。

あなたの目標は何ですか？　現状を克服するために、それをどのように活用しますか？

あなたの振り返り

<table>
<tr><td colspan="2">レベル６　決めるべきは長期の目標</td></tr>
<tr><td rowspan="4">ワークの下準備</td><td>□書きだしましょう。
あなたの夢、やりたいことは……</td></tr>
<tr><td>□あなたがやりたいことを繰り返し、声に出してみて、成し遂げたときの気分になってみましょう。</td></tr>
<tr><td>□感謝の気持ちを示しましょう。
あなたは何に感謝していますか？</td></tr>
<tr><td>□同じ目標のグループを見つけるか、自分で立ちあげましょう。
メンバーにしたい人は……</td></tr>
<tr><td rowspan="4">ワークの手順</td><td>□ステップ１
大きな夢について、一人でブレインストーミングをする。「自分のために何がしたいのか？」と大きく夢を描く。</td></tr>
<tr><td>□ステップ２
昨年よかったことは？</td></tr>
<tr><td>□ステップ３
昨年うまくいかなかったことは？</td></tr>
<tr><td>□ステップ４
やろうと決意する事柄――来年はどんなことに「イエス」と言いますか？</td></tr>
</table>

<table>
<tr><td rowspan="6">ワークの手順</td><td>□ステップ5
断る事柄――来年はどんなことに「ノー」と言いますか？</td></tr>
<tr><td>□ステップ6
仕事上での目標――来年、3年後、5年後に何を望みますか？</td></tr>
<tr><td>□ステップ7
プライベートの目標――来年、3年後、5年後に何を望みますか？</td></tr>
<tr><td></td></tr>
<tr><td>□ステップ8
「今年の一語」を選ぶ。</td></tr>
<tr><td>□ステップ9
自分の目標を再チェックし、「SMART」を満たすようにする（明確に特定すること、数値目標を立てること、実現可能であること、自分に合っていること、時間を見積もること）。
私の目標は……</td></tr>
</table>

レベル7

意識的な行動

常に変化を求め続ける

決めたことを日々意識的に行っていきましょう

目標なき計画はただの願望にすぎない。
(アントワーヌ・ドゥ・サン・テグジュペリ)*

(*) (Antoine Marie Jean-Baptiste Roger, comte de Saint-Exupéry, 1900～1944、作家)

問題——目標を立てたはいいが、どのように行動に移せばよいのか分からない

仕事のなかで、すっかり参ってしまっていたとしても不思議ではありません。教師である私たちは、いくつもの仮面を被り、さまざまな職業を演じる存在となっています。看護師、カウンセラー、経営者、営業職、ひょっとしたら調停役にもなりますし、科学者でもあります。たぶん、まだまだあるでしょう。

教師であることに加えて、私たちは家庭においては配偶者であり、親であり、きょうだいであり、息子であり、娘でもあります。夢や目標、趣味、これらもそれぞれです。

教師、友人、そして何より私自身が、こうした多くの役割のために疲れ果て、苦しんできました。たとえ大きな目標や願いを抱き、行動に移そうとしても、たちまち困難が訪れて諦めてしまうのです。

また、せっかく立てた目標も、反抗的な生徒のために難しくなってしまう場合があります。病気を患ってしまって役割が果たせないこともありますし、新しい校長が何かを実行するために圧力をかけてくる場合もあります。さらに、世界的なパンデミックという事態もあります。

こうした日々の生活における困難や変化はかぎりないものですが、それでも閉塞状況を打破し、目標を実現したいという私たちの心からの願いは尊重されるべきですし、そのための行動を制限するものは何もないはずです。

目標を立て、ベストを尽くしたいと願うだけでは、教師としてたどり着きたい境地に立てません。学校外の人生においても同様です。「レベル6　長期目標の設定」で仕事上での目標とプライベートの目標を決めていたなら、「よし、じゃあ次は？」とつぶやいていることでしょう。いったいどうやったら時間をつくりだし、目標を実現するための行動がとれるのか、と感じているのではないですか。

「一日や一週間を何とかやり過ごす」というこれまでの習慣が、「前向きな行動のために時間をつくる」という信念を凌駕（りょうが）してしまいそうです。

これまでの私は、いつの間にか仕事が忍び寄ってきた、という感じでした。(1) 何とかしたいと思っても、まったく計画できませんでした。予定表もなければジャーナルもなく、(2) 目標もない……ただ、人の決めた計画に従って行動するだけでした。

（1）翻訳協力者から、「この感覚をもっている人が多いと思います。仕事の終わりや区切りが見えないという感覚です。『自転車操業』という言葉がピッタリ当てはまる感覚です。でも、そのような状況から脱出している人もたくさんいます。この本は、そのきっかけをつかめる一冊だと思います」というコメントが届きました。

覚えがありませんか？　それとも、ジャーナルに記録し、計画し、日々振り返りを行っていますか？　授業や指導案づくりのことだけを言っているわけではありませんよ。

イソップ童話にもあるじゃないですか。「カメがウサギに勝つ」話です。ゆっくりと、落ち着いて考えること、そうすれば自分と向きあえるようになります。しかし、どこに時間があるのでしょうか？

「レベル５　可能性の発見」を思い起こしてみましょう。「忙しい」と言いたいがために忙しくする必要はない、と学びましたね。忙しさに負けず、自分自身、到達点や可能性、目標に集中するのです。すなわち　あえてブレーキを踏み、生産的な事柄に目を向けるのです。

もし、ジャーナルに書きこまず、仕事のリストアップもせず、目標や夢について振り返ることがなければ、あなたの頭の中はすべてが散らかっているような状態になっているでしょう。考えていることを頭から取りだして、きちんと入れ替

えていかなければこんがらがってしまい、仕事や育児、日々の暮らしなどが理由ですり減ってしまいます。

どこから手をつけていいのか分からない場合は、「お手上げの**てっちゃん**」が頭の中にいて、彼がこだわっているだけです。「一歩一歩の**いっちゃん**」を呼んできましょう。そうすれば、先にある変化の糸口に気づけるはずです。たとえば、週に二度は家族に料理を振る舞って一緒に食べたり、現在の家を売却して勤務校に近い街に引っ越すことなどです。あなたにはどんな目標がありますか？　そうした目標に向かって段階を踏みながら進んでいくべきです。

改善するためのワークの方向性――常に変化を求め続ける

変化に向けて計画するのは楽しいものです。しかし、次は難しい部分に入ります。月、週、一

（2）　ジャーナルは計画や、観察、記録、思考、日々の振り返りなど、何でも書けるノート、日誌です。生徒が授業において毎時間振り返りを書くのと同じようなものです。定期的に、または場合に応じて、自分の振り返りや気づきを書き留めていきます。それを基にしてまた計画したり、考えたことを書き留めたり、というサイクルが見えやすくなります。このあと、詳しい方法が述べられます。

日の計画を通して、具体的な変化を求め続ける段階です。「レベル6　長期目標の設定」では時間をかけてブレインストーミングを行い、目指すべき将来の計画を立てました。計画を立てるのがうまくいかなければ、その計画は失敗に終わります。気をつけてください。準備はいいですか。

閉塞状況を打破するためには、自分の人生に積極的になることが不可欠となります。普段は車の後部座席に乗っているような気がしているかもしれませんが、そこから運転席に乗り換える必要があります。そして、ドライバーのごとく、目的地（目標）を理解し、そこにたどり着くルート（方向性）を考えます。同時に、なぜそこへ行くのか（目的）についても考えなくてはいけません。

このワークでの目標は、閉塞状況を克服するために、振り返り、計画し、行動に移すという健全な習慣を確立して、常に変化を求め続ける人になることです。あなたにとって大切な事柄を記述し、リストアップして集中すれば、段階を踏みながら正しい方向に進めるでしょう。

そこで、あなたの目標に向けてのロードマップを書きこむノート（ジャーナル）を購入しましょう。ブレインストーミングや計画、改良を経て、一週間、あるいは一日の行動を意識しても、すべてを頭の中に記憶することはできません。ジャ

あなたは自分の未来を決定するボスであり、それをつくりだす人です。

ーナルをつけて、振り返りを行えば嫌なことが薄れますし、はっきりと考えられ、焦点を絞り、絶えず変化する状態となります。

また、人生の危機や困難に備えて、ストレスや嫌な気分、悪い状態を解消することも日課に含めるべきでしょう。

ジャーナルをつけて、計画を立てましょう。詩人や僧侶のように、お天道さまのもとで鳥や蝶に囲まれて瞑想を行うよりは簡単なはずです。常に変化するために役立つのがジャーナルです。ブレインストーミング、することリスト、振り返り、チェックなど、すべてがこの一冊でできるのです。

ワークの下準備

手帳を買うか、グーグルカレンダーを使用しましょう

手帳を使うなんてひと昔前の学校のように感じるかもしれませんが、目標となる日にちに印をつけたり、鉛筆でチェックを入れたり、必要に応じてスケジュールの修正ができるという素晴ら

しい機能があります。私のお気に入りは、クローガー(3)に行って六ドルで買った月間カレンダーと週間手帳です。それでブレインストーミングや計画を行っていますが、忙しいときはグーグルカレンダーを使っています。教室から抜けられないときなどはこれを補助カレンダーとして色分けし、毎日、予定を設定したり入れ替えたりしています(便利です)。大きな夢を描き、その夢をかなえていく日々をカレンダーで眺められる、そんな場があるだけで人生は変わります。

私の場合、三三歳でこの魔法の手帳を発見したのですが、それまでの間、どのようにして物事の処理をしていたのかまったく思い出せないくらいです(4)。

同じ価値観、目標をもったグループやパートナー、仲間とともに週間計画を立てましょう

新たな習慣をつくるというのは難しいものです。一人でやるならなおさらです。あなたの背中を押してくれる人と一緒に過ごせば、自分の計画に責任と自覚が生まれるでしょう。それが、現状を克服する糸口となります。

自分の計画についてそうした人たちと会う際には、進捗状況や達成の度合い、次のステップに集中できるような設定が必要となります。困難な問題ばかりにかける時間をとりすぎないようにしましょう。あなたと、あなたの進捗状況にだけ注目していくことが前へ進むときのポイントと

なります。

逆さま設計で目標到達を目指しましょう

ステファン・コーヴィー（九五ページ参照）は、「逆さま設計」とは最初から最後まで一貫して頭の中にあるもの、としています。つまり、あなたの目標と、そこにたどり着くまでのステップを細かく設定するということです[5]。

一方、オンラインで提供されている『教育改革の用語集』（https://www.edglossary.org/）によると、次のように説明されています。

（3）アメリカのスーパーマーケットチェーンのことです。

（4）翻訳協力者の一人は、「Rollbahn（ロルバーン）」を好んで、ジャーナルとして使用しているそうです。「心が落ち着かないときこそ、書き留めておきたいと感じることが多いです」というコメントがありました。また、訳者の一人は、「ほぼ日手帳」カズンを使っています。月間カレンダー、週間カレンダーのページ、そして一日ずつのページがあります。私の場合、月間カレンダー、仕事・プライベートの予定、週間カレンダー、その日の授業や行事のブロック・スケジュール表（「レベル5」一七六ページの**表5－1**と同じような使い方）、一日ずつのページ、日々のすることリスト、振り返りや気づきなどのメモ、と使い分けています。グーグルカレンダーも、ブロック・スケジュール表として使っています。

（5）「終わりを思い描くことから始める」（『7つの習慣』の「第2の習慣」）としています。

「逆さま設計とは、生徒の学習経験や学習目標を達成するための授業方法を設計することです。逆さま設計は、そのユニットやコースのなかで生徒に学んでほしい、身につけてほしい指導事項をもとにしており、狙いを達成するためにどのような授業をつくるのかという従来の指導案とは逆さまに進んでいきます(6)」

これは、授業やユニットの指導計画をつくる際にとても素晴らしい方法と言えるものですが、あなた自身が応用できるうまいやり方でもあります。ですから、私はジャーナルにそうした「逆さま設計」を取り入れるようにしていますし、あなたにもおすすめしたいです。

それでは、毎日の生活に「逆さま設計」をどのように取り入れるのかについて話していきます。あなたが望んでいる変化を続けるためのヒントになれば幸いです。

ジャーナルに「逆さま設計」を上手に取り入れるために、以下のプロセスを辿ってください。

・一番大きな目標からはじめます（あなたの仕事・プライベートの目標リストから探しましょう）。
・その目標にたどり着くためのステップを考えます。
・ステップを分解して、一日、あるいは一週間でクリアできるような、より小さな課題を設定します（目標をより達成可能なものにするためです）。

閉塞感や心の疲弊状態は、人生のある時期に、目標やすることリスト、課題のすべてをクリアしなくてはいけないという気持ちが原因となってやって来るものです。深呼吸をして、優先順位を決め、目標に向かって一か月、一週間、一日のなかで小さな行動を積み重ねていきましょう。

夢や目標を描いた掲示物をつくりましょう

今こそ、頭の中で思い描いた夢を現実の世界に表すときです。「レベル1」から「レベル6」まで、やって来たことをすべて物理的に（デジタルでも可）アウトプットしましょう。恥ずかしがる必要はありませんが、誰彼かまわず、あなたの信念や目標、夢について語る必要はないでしょう。あなたをサポートしてくれる人が数名いること、それが現状を克服する鍵になります。あなたは自分の未来を決定するボスであり、それをつくりだす人です。ですから、あなたの夢

（6）目標を決めたら、その後は評価の方法を決め、それから授業の中身を決めていく、という手順で授業を設計するものです。専門的に書かれている本の翻訳として、『理解をもたらすカリキュラム設計――「逆向き設計」の理論と方法』（G・ウィギンズ、J・マクタイ／西岡加名恵訳、日本標準、二〇一二年）がありますので参照してください。

や目標にかかわってもらう人を選ぶのも、あなたとなります。

あなたの創造性を発揮してください。デジタルがよければ、私が以前つくったようにグーグルスライド[7]を使い、それをスクリーンセーバーにするというのもいいでしょう。部外秘のピンタレストの掲示物をつくるのもいいですし、ボード、糊、ハサミ、テープ、ペンなどを使って手づくりしてもいいです。大切なのは、あなたの夢や目標がきちんと分かる掲示物にすることです。

以下の項目を入れて作成しましょう。

・あなたの今年の一語
・あなたをサポートしてくれる人
・あなたの基本的価値観
・あなたの幸せへの願い、教師としてのより充実した生活（イラストも可）
・あなたが「イエス」と言いたいこと（「ノー」と言いたいこと。イラストも可）
・仕事とプライベートの目標（イラストも可）

あなたが納得すること、変えたいこと、受け入れないことを決めましょう

同じことを続けていれば、当然、同じ結果しか出せません。「いつも同じことをしているのに異なる結果を期待する、それ自体がまちがいのもとだ」といった言葉を耳にすることがよくあり

ます。あなたが掲示した夢や目標をかなえるためには、本書を読む前にやっていたことを行ったり、話し、感じ、信じていてはだめなのです。

それでは、あなたはこれから先、何に対して納得し、受け入れていきますか？　私に提案させてもらえるのであれば、以下のようなことになります。

・周囲にいる前向きな人たち
・あなたをサポートしてくれる人たちと、学びのネットワークの仲間
・憧れの人やメンターからの教訓
・基本的価値観、人生のミッション、教師としてのブランド
・より健全なライフ・ワーク・バランス

今日は、どのような変化を起こしましょうか？　一年、三年、五年後を待つ必要はありません。この先の目標を達成するための変化を、今すぐはじめましょう。次の事柄について変えられるかどうか考えてみてください。

(7)　サンフランシスコに本拠を置くPinterest, Inc.が運営・管理している写真共有サービスです。アプリやウェブサイト方式によって提供されており、ピンボード風の画面構成となっています。

・もっとも連絡をとりあっている相手
・スケジュール
・優先順位
・心を開いて、サポートを求めること
・基本的価値観
・人生の夢や目標
・教師としてのブランド

何をやめられると思いますか？　体に染みついてしまっているようなことはなかなかやめられないものです。ですから、真剣に現在の行動や習慣、精神状態について考えましょう。また、自分が信奉している基本的価値観や人生の夢や目標、自らのブランドについても、続けるべきかどうかと考えてみましょう。とくに、長期、短期の目標については考えるようにしてください。

・葬り去るべき悪しき習慣はありませんか？
・やめるべきネガティブな思考はありませんか？
・距離を置いたほうがいいと思われる有害な人はいませんか？
・自分がだめになるような不安感はすぐに取り除けますか？

ワークの手順

ステップ1　一か月、もしくは四半期の目標設定をする

「レベル6　長期目標の設定」で見てきたように、毎月の計画を立てる（デジタルのカレンダーも含め）ことがやる気を取り戻す流れとなり、あなたの目標や段階の見直しにつながります。

一ページ目――人生の目標に優先順位をつけて書きだしていく（優先順位はいつでも変更可能）。

二ページ目――仕事上での目標に優先順位をつけて書きだしていく。

三ページ目――人生の目標の第一位を書きだす（これが、一～三か月で焦点を絞って行う目標となります）。一〇一ページで紹介した「SMART（スマート）」目標を使うとよいでしょう。

四ページ目――それぞれの目標を達成するために、実行する事柄を段階別にリストアップする。

五ページ目――それらの段階をクリアするための小さな課題をリストアップする。

補足――月末、もしくは月初めにこの作業を再び行いましょう。どちらでもかまいません。この作業のリマインダーをセットしておきましょう。きっと、この作業がもたらす効果に驚くはずです。

ステップ2　毎週のスタートにあたり、チェック・インする時間を設ける(8)

このルーティーンを毎週日曜日の夜に行えば、週のはじまりにおびえることもなくなりますし、安心して眠れます。

❶「一週間のブレインストーミング」と題した文書をつくります。サブタイトルには、この三か月のプライベートと仕事の目標を書きましょう。
❷その下に、その三か月の目標を達成するための課題を書きだします。
❸プライベートと仕事に関するその週の予定を書きだします。
❹ノートの次のページ（手帳やカレンダー）に、この一週間、毎日やろうと思う努力目標を書きだします。

このルーティーンの効果に関しては、あなたが人生の進歩度合いを振り返ったときに気づくでしょう。

ステップ3　毎日自分の計画と進歩を振り返り、評価する時間を設ける

❶毎朝、新しいページに日付を記入します。

❷仕事の目標、プライベートの目標を一番上に書きます。今年一年を表す単語を入れてもいいでしょう。
❸以下のことを書きだします。
・感謝していることを三つ。
・することリスト（月・週の計画のなかの）から、今日しようと思っていることを二つ。
・今日一日において、心がけようと思っている決意や教訓を一つ。
❹目を閉じて、深呼吸をして、理想とされる今日一日を思い描きます。困難や、思うように進まないことも想定します。緊張や不安、心配を吐きだしていきます。
❺今日の決意を決めて宣言します。
❻下には余白を残しておきます。
❼一日の出来事をそこに書きます。
❽毎晩、朝書いたページを開きます。
❾朝の感謝の言葉と目標を読み直します。
❿一番下に記録を書きます。

（8）　ホテルでのチェック・インと同じで、メインの活動に移る前の手続きや前置き、準備を行うことです。

・うまくいったことは何でしょう？
・何がよかったのでしょうか？

⓫目を閉じて、深呼吸をして、明日に期待します。笑顔になりましょう。毎日、このような小さな一歩を刻めば、人生は大きく進んでいます。

⓬「明日は明日。また頑張ろう」と言ってみます。もちろん、自分の気持ちがコントロールできる別のひと言でもいいでしょう。

繰り返しますが、あなたにとってベストの方法をやればよいのです。大事なのは何かをはじめること、そして一貫してあなたが何を受け入れるのか、あるいは自らつくりだすかどうかを決めることです。さもなければ、夢や目標、行うことなどを全部頭の中からアウトプットしてしまいましょう。

ぼんやりしていると再び気持ちが滅入ってしまい、何をしたらよいか分からず、やる気がなくなってしまうものです。しかし、前を向いて歩み続ければ、きっと閉塞状況から抜けだせます。

ひょっとしたら、次のように叫びたくなるかもしれません。

「できている！　変化を続けている。幸せで、より充実した自分になる階段を一歩一歩上っている。そうなんだ！」

自分の肩を軽く叩いてやり、好きな飲み物を片手に成功を祝いましょう。

課題を乗り越える

「以前にもジャーナルをつけたり、計画を立てたりしていました。でも、うまくいかなかったのです」

この方法のポイントは、私が言うとおりに正確にやることではありません。[9] むしろ、あなた自

（9）翻訳協力者から「私は仲間と一緒に、ブログ上で授業ジャーナルの取り組みをやっています（非公開です）。一〇年近く続けていますが、難しいのは継続です。仲間の励ましは助けになりますが、それでも授業の計画や振り返りを行い、それを語り続けることにはエネルギーが必要です。継続のためには、早い段階で『小さな成功体験』をすることが大切だと感じます。些細なことであれ、ジャーナルに書くことで自分が変われた、成長できたと実感でき、習慣化を支えてくれる大きな要因となりました」というコメントが届きました。小さな成功体験が習慣化につながるということを心に留めておきたいものです。

身がプライベートと仕事に関する最重要課題を決め、段階別に分けて、意識的に日々の生活に入れこんでいくことが大切なのです。

目標を決め、そのための行動を段階分けし、カレンダーに見える化すること、そうすれば進歩の度合いが分かります。「計測できるものならば管理もできる」という言葉もあります。意識的に行動記録をつけるようになれば、よりはっきりと進歩の度合いが測れますし、つまずいているところが分かりやすくなります。

「インスタグラムに載せるほどのかわいい手帳など持っていません」

もし、かわいい手帳でやる気が出ないのであれば、ただのノートや手帳、グーグルカレンダーでもいいのです。私なんか、娘が学校で使っているノートの切れ端やページの残りを使っていますよ。かわいらしさは必要なく、ただルールを決め、意識的に小さな段階を踏んで、幸せと充実に向かっていくだけです。

「いつも、こういうことをはじめても三日坊主になってしまいます」

三日坊主が習慣になっているのなら、それを壊すのは難しいでしょう。次のようにしてみてください。やめそうな雰囲気になってしまったら二分だけ時間をとる、それだけです。

何かをやりたくないとき、たとえば一週間のブレインストーミングなどは、二分のタイマーをセットしてからスタートしましょう。はじめるのが一番大変ですが、二分後にはゾーンに入っていて、続けたくなっていることでしょう。もし、嫌になってしまっていたなら、一回ぐらい休んでもいいのです。

やめることはよいことです。セス・ゴーディン(10)も書いています。

「成功者だって、いつも何かをやめている。ただ、正しいタイミングで、正しいやめ方をしているだけだ」と。

ですから、過去に努力したことをやめてしまったとしたら、私はこう尋ねてみたいです。

「どうしてやめてしまったのですか？」

やめてしまうというのは、あなたとあなたの動機がうまく結びついていない証拠です。つまり、努力の方向が基本的価値観と合っていないときや目標がはっきりしないときにやめてしまうのです。よって、悪い習慣、足を引っ張る人、あなたや生徒にとってうまくいかなかった指導法や時間管理をやめるのなら、それはよいことだと言えます。

---

(10)　(Seth Godin)アメリカの著述家で、マーケティングに関する著作が多数あります。

実際の体験談から――ジェニファー・S先生（学級担任）の場合

二〇一六年の初め、私は人生のあらゆることで参っていました。教えることに楽しみを見いだせずに苦しんでいましたし、家はガラクタでいっぱい。しかも体重が増えて、嫌な気分がしていました。

私は、教師、アマチュア写真家、妻、三人の子どもの母であり、そのライフ・ワーク・バランスは、崩れているどころかまったく成立していませんでした。不満だらけで、生徒とも同僚ともうまくいかなかったので、仕事に行こうという気持ちにもなれませんでした。その原因の一部は職場環境にあったわけですが、主たる原因が、私の管理能力、人生全般の管理能力の欠如にあることには気づいていました。

目標設定をするのがよいだろうと思いましたが、以前にもやっていたことです。目標を書き留めていたのですが、それを持ち運ぶことはなかったです。そこで、今回いくつか工夫をしたところ、これまでなぜうまくいかなかったのかがよく分かりました。まずは、最低限でやること。どん底まで落ちこんでいる状態がはっきりしていたからです。

次に、友達と会って話し合いをし、自分の年間目標について共有しました。また、話し合いの前によく考える時間をもつことが大切だとも思いました。そして、とても私好みの、革製のノート（合皮かもしれませんが）を買いました。かわいいノートは必要ないと思われるかもしれませんが、もしそれがお気に入りとなればたくさん書きたくなるだろう、と考えたわけです。

生徒には、毎年ノートをデコレーションして、特別なものにするように、と話してきました。実際、生徒は毎日そこに書きこみたくなったようです。私は、それを自分に応用しただけです。それが本当に機能しました。

初めに、可能性のあるすべての目標、大きい目標から小さい目標まで、その年に成し遂げたい事柄を書きだしました。九つの目標がありましたが、それを書きはじめると、驚くほど目標がはっきりしてきます。一つ一つが自分にとってどれほど大切なものか、そして、人生における継続的な変化の準備がどれほど進んでいるのかがよく分かりました。

最初のページに目標をリストアップしたあと、次のページの一番上に目標の一つを書き、そのあと数ページ空けておくというやり方を繰り返しました。目標が書いてあるページの下には、「なぜ」それが目標となったのかを書きました。どの目標も、設定理由は一つではありません。これを書くのに数日を要し、見返しては書き足していきました。

一年を通じて、目標を見直すたびに理由は増えていきました。なるべく目標を深掘りしようと努めました。なぜ変化が必要なのか、それぞれの目標が私のプライベートと仕事の健全さにとってどれほど大切なのかについて、徹底的に向きあいました。

書きだす前には気づかなかったのですが、それぞれの目標はつながりあっていました。そこで、これまで完全に失敗していた私の人生のさまざまな領域を単純化し、組み直し、維持したいと思うようになりました。私の場合、「一年の一語」を書くところに、「単純化」、「整理」、「維持」という三つを記しました。

成し遂げたい目標を大きいものから小さいものまですべて洗いだしたあとは、ページをめくって、その目標を「どのように成し遂げるか」のリストをつくりました。リストはごちゃごちゃで、順番も何もないといったようなものでしたが、自分ができることをステップに沿って記述したものです。

リストをつくる過程で何度も自分に問いかけました。どのようにして目標にたどり着こうとするのか？　どのようなステップからはじめればいいのか？　どのようなモノや情報がいるのか？　行動目標をどれくらいしっかりとやる必要があるのか？　いくつかの目標については、「することリスト」をつくったり、中間目標を達成するための日程もつくりました。

繰り返しになりますが、私は年間を通じてこれらのリストにアイディアを追加し、自分がクリアした事柄についてはチェックを入れる形で消していきました。

これらすべてをやったあと、私は友達と会い、目標をお互いに話し合いました。書きだすという行為は確かにインパクトのあるものですが、声に出して話し合うほうがより強力です。私たちは一緒に、それぞれの目標に関する「なぜ」や「どのようにして」について語りあいました。また、目標を書きだし、大きな夢を描こうと努力した時間、そこに到達するための計画を実際にはじめているという事実を讃えあいました。

終わったころにはすっかり元気になっていました。そう、私たちは互いに励ましあったわけですが、それ以上に、自分の行動が自らの人生をより良いものにするという予感から勇気がもらえたと思っています。コントロールできること、それ自体が心地よく感じられたのです。

その後、毎晩寝る前にノートを開き、目標やその理由、自分が目標を達成するための計画を一つ一つ見直すという行為が私の日課に加わりました。毎晩、ざっと目を通すだけですが、脳は大事なことでさえ驚くほど簡単に忘れてしまうものです。だからこそ、この日課が明日に何をすべきかを考えさせてくれるものとなり、より良い明日をもたらす要因となりました。「なぜ」や「どのように」を書き足していくたびに、これもまた驚くほど、目標に焦点が合わせやすくなりました。今となっては、「行っていることの理由が思い出せない」なんていう状態は考えられません。

このノートをはじめて、目標までのコースをきちんとたどり、何度も確認すること、それが私の人生を完全に変えました。何かをコントロールしているという感覚や、自分の人生を管理しているという感覚は、ストレスを減らすだけでなく、とてつもない喜びを与えてくれるものです。もちろん、教えることの楽しみも改めて見いだせました。

人生を単純化して整理し、整えるために一生懸命働いた結果として、全体的により良い状態となりました。そして、自分にも自信がつき、自分の人生をコントロールできるのは自分だけだ、と考えられるようにもなりました。

何か違うことをしたいと思った時点で、それは可能であり、実際にできるのです。自分を取り巻く環境のために犠牲になるのはやめにして、私は望むことのために頑張るようになりました。一日でも、たった一つでも、一瞬であっても、そこに集中すればすべてがうまくいくことに気づいたのです。

壁にぶつかったら乗り越えるしかありません。その場に留まっているほうがさぞかし楽なことでしょう。立ちあがり、現状を克服し、閉塞感から抜けだすためには、時間をとり、努力し、計画する必要があります。大変でしょうが、それに見合うだけの結果があります。あなたなら、それらのプロセスを経て、より幸せに、より健康的に、より充実した人間になれるでしょう。

あなたの振り返り

レベル７　常に変化を求め続ける	
ワークの下準備	□手帳を買うか、グーグルカレンダーを使用しましょう。 私が使うのは……
	□同じ価値観、目標をもったグループやパートナー、仲間とともに週の計画を立てましょう。 私が一緒に計画するなら……
	□逆さま設計で、目標到達を目指しましょう。 まず目標は…… そのためにどのような段階にしますか？ １ ２ ３ ４
	□夢や目標を描いた掲示物をつくりましょう。 どのようにつくりますか？
	□あなたが納得すること、変えたいこと、受け入れないことを決めましょう。 納得して受け入れたいこと 変えたいこと 受け入れないと決めたこと
ワークの手順	□ステップ１ １か月、もしくは四半期の目標設定をする。 次の１か月の目標は……
	□ステップ２ 毎週のスタートにあたり、チェック・インする時間を設ける。 私の場合、　　　曜日の　　　時くらいにします。
	□ステップ３ 毎日、自分の計画と進歩を振り返り、評価する時間を設ける。 私の場合、毎日、　　時くらいに行います。 取り入れたいルーティーンは……

レベル8

心の備え

仕事と人生、二度と情熱を失わないために

困難に負けないよう、目標とステップを心に留めておく

未来は、今日のうちに
その準備を行った人の手のなかにある。

（マルコム・X）*

（＊）（Malcolm X, 1925～1965）牧師、公民権・黒人解放運動の指導者。この言葉は、ラルフ・ウォルドー・エマーソンも言っていたという説があります。

問題――あなたは危機や困難に対する心構えができていない

シートベルトをしていますか?
学校で、避難訓練をきちんと行っていますか?
銀行口座には十分な貯えがありますか?
トイレットペーパーの予備はちゃんとありますか?

あなたの答えが「もちろん!」であればよいのですが、もしそうでないとしたら、危機が訪れるかもしれないと感じるよりも前に、それに備えるタイミングの重要性に気づいていない可能性があります。私は、教師として、あえて過去に直面した問題を思い出させたり、将来に起こるかもしれない困難に注意を促すようなことをするつもりはありません。

たしかに、将来起こり得る些細なことを心配するというのは杞憂かもしれません。ですが、将来に対する備えはする必要があります。また、人生がどのようになろうとも、前向きに進む姿勢でいることも大切な要素となります。困難に備えることは、あなたの助けとなるでしょう。

・あなたが圧倒されそうなとき、それを解消すること。

・見通しがもちにくいときでも、それをはっきりさせること。
・調子の良いときも悪いときも、集中すること。
・自分の優先順位を決めること。
・目標に向かって変化を続けること。

聞き覚えがありませんか？　これらは、本書で用いてきた言葉ばかりです。

閉塞感に陥っていたときには、目標設定の大切さにも気づけなかったことでしょう。しかし、ここまでのワークを経て、あなたはすでに心の疲れや閉塞感のタイプを特定し、振り返り、克服するための行動に移れるツールを手にしているはずです。

それでも、目標がなく、前進できずに、（たとえ小さなものでも）日々の変化を起こせないのですか。だとしたら、落ち着いて、自信をもち、楽しみ、一番大切にしたい事柄を行うだけの準備がまだ整っていないことになります。閉塞状況の「ふりだし」に戻るという落とし穴に落ちないためには、目標と行動が必要なのです。

このやり方に従えば、どんな困難にも打ち勝てるはずです。それぞれのレベルを通過して克服していきましょう。そうすれば、たとえ大小さまざまな困難が訪れようとも、再び心の疲れ・情熱の喪失に陥ろうとも、また最初の一歩からやり直せます。

おそらく、現状を受け止め、「満足、感謝するように」と言われた経験があると思います。ですが、そのあとに、「その場に留まらないように」とも言われているはずです（まさに、この章のタイトルです）。満足すること、感謝することと、その場に安住することには大きな違いがあります。もし、困難に対する備えがなければ、何か問題や困難が発生したとき、きっと準備不足であったと悩むことになるでしょう。

そこに安住して失敗に備えるのではありません。その代わりに、現状を克服する計画を立てて、そこから這いだすために、やれることを何でもするのです。

改善するためのワークの方向性――仕事と人生、二度と情熱を失わないために

もはや、あなたは来るべき危機や困難をどのように扱ったらいいのかについてはよく分かっているはずです。また、心の病に陥る瀬戸際や、そこに深くはまりこんだときにどうなるのかについても理解しているでしょう。

「安住」と「根本的な受容」と「満足」の違い

「満足」とは、満たされていて心地よい状態です。それがあるから、私たちは生きていると言ってもいいでしょう。誰もが生活や自由、幸福追求の権利をもっています。つまり、これが真の目標そのものであり、あなたが満足な人生を送る、ということにつながります。

「根本的な受容」の話をしましたが、覚えていますか？　あなたの身の周りで起こる動かしようもない事柄を受け入れるということです。たとえば、生徒の家庭における子育ての仕方や校長の経営方針です。たとえそれらが納得できないこと、あるいは正しいと信じられる方法でなかったとしても受け止めるのです（一一〇ページ参照）。

根本的な受容は、学校や教師が従わなくてはならない政策に対しても必要です。私たちは、おそらく政策などについてはコントロールできないでしょうから。あなたがそうした政策を変えることや学校経営をすること、子どもの擁護を自分の使命として実行していくことを選択しないのであれば、それをあるがままに受け入れて、自分の仕事や基本的価値観、あなたの周りの大切な人に対してのみ集中するのです。

ブルック・カスティージョ[1]によると、「安住」には、自分がやりたいことではないと分かっているのに、価値判断や思考を停止してやり続けること、ネガティブな感情や諦めの気持ちに浸ること、嫌な気分を解消せずに自分をごまかしていること、が含まれているとされています。たとえば、価値があると分かっていながら新しいことに取り組めないでいたり、違う学校に行くのが怖くて今の学校や教育委員会に留まっている状態も「安住」と言えます。(2)

しかし、あなたがこうした「安住」を避けるならば、ここまでの八つのレベルアップを経て孤独な状態から脱している今、元気さは取り戻せるでしょう。このやり方に従えば、どんな困難にも打ち勝てます。各レベルを通過して克服していきましょう。そうすれば、たとえさまざまな困難が訪れようとも、再び心の疲れ・情熱の喪失に陥ろうとも、また最初の一歩からやり直せます。

心身の疲弊、教育にかかわる難題、そのほかプライベートの場面などでも、あなたが直面するであろう問題を解決するためのサイクルが確立されるはずです。それこそが「安住」を避ける方法なのです。

ワークの下準備

優しさを示しましょう

職場には、上から下まであなたを頼りにしている人がいっぱいいます。毎日、機械のボタンを押しているだけで、人と触れあうことがないという日はないでしょう。さまざまな人とやり取りをしているはずですし、そうした人たちが、背負っているもの、個性、ものの見方、そして期待していることもさまざまです。

誰もが何かと闘っているわけですが、どうしてみんなが（大人も子どもも）闘っているのかについてはなかなか理解できません。腹が立ったり、厳しいことを言わなくてはいけないような場面でこそ、優しさを示しましょう。

親切にしましょう

怒りの爆発、不十分な計画、悪意ある言動などは、あなたに非がなくても訪れる場合があります。もし、あなたが正しさと親切さの間でどちらかを示す必要があるのなら、ぜひ親切であることを選んでください。

（１）（Brooke Castillo）コーチングのインストラクターです。https://thelifecoachschool.com/ を参照してください。

（２）この文章を読むと、日本人が美徳としてきた「知足（足るを知る）」と混同してしまいそうです。たしかに、欲張らず、自分が恵まれていることに感謝する、ということは大切です。しかし、気を抜くとすぐに、現状肯定、踏襲主義、言わぬが花、といった考え方に移行し、「安住」になってしまうものです。よく吟味する必要がある文章だと思います。

セルフケアと自己満足の違いを理解しましょう

セルフケアは、決して自己満足と同じではありません。セルフケアとは、あなたの必要不可欠な部分をケアすることです。十分な睡眠、水分補給、必要とされる通院、空腹を満たすこと、入浴、運動、親しい人たちとの連絡、つまり自らを清浄かつ健康的にするということです。

セルフケアには、相手に厳しいことを言ったり、何かに対して「ノー」と言うこと、そして自他を弁護するといった側面も、必要なものとして含まれています。

自己満足は楽しみやご褒美であり、時には気持ちよく幸せに過ごすために必要なものです。これには、マッサージをしてもらう、ネイルを整えてもらう、贅沢品を購入する、週に一度は個人的なお楽しみを設ける（泡風呂に入ってワインを飲むことや、夜中に引きこもって好きな番組を見まくるなど）といったことが自己満足にあたります。

ご存じのように、多くの人が写真を撮ってSNSに投稿していますから、そうした贅沢が日常的な風景のように見えてしまいます。しかし、私たちは、それらが意図的なものであると気づいているはずです。

セルフケアと自己満足との違いが分かれば、閉塞感のなかで再び快楽に安住するといった状況が避けられますし、何にも増して、セルフケアを行う方法が分かるはずです。セルフケアにだって、活動、見通し、計画、日々のルール、そして意識化が必要なのです。

ワークの手順

ステップ1　現在の立ち位置からはじめる

すでにあなたは、スタート地点からはるか先にたどり着いています。ですから、振り返るにしても、最初のところまで戻る必要はないでしょう。閉塞状況のタイプも、ステージを見極める方法も分かっていますから、困難に立ち向かうにあたって、どのようなステップを踏めばいいのかについても特定できると思います。

ステップ2　教師としてのブランドを理解する

納得のいくような教師としてのブランドに基づいて、働くことをおすすめします。すでにあなたは成長し、自分の基本的価値観や支えたい人々、目標などについてははっきりしていますから、自分のブランドに見合った言動をしていくとよいでしょう。自分のブランドを浮かびあがらせ、さらに改良していく方法はもうお分かりですよね。

ステップ3　身の周りの困難を見つめ直す

あなたなら、次のようなことができるでしょう。

・困難となるものを特定する。
・コントロールできるものか、できないものかを判別する。
・コントロールできるとしたら、行動して立ち向かう。

ステップ4　自分の強みと習慣を育てる

あなたは、生来の強みについてすでに理解していると思います。それは何でしたか？　書きだし、読みあげ、大きな声で言ってみましょう。

それらは活用できていますか？　自分を変えるタイミングではありませんか？　最高の状態を保つための習慣を見落としていませんか？

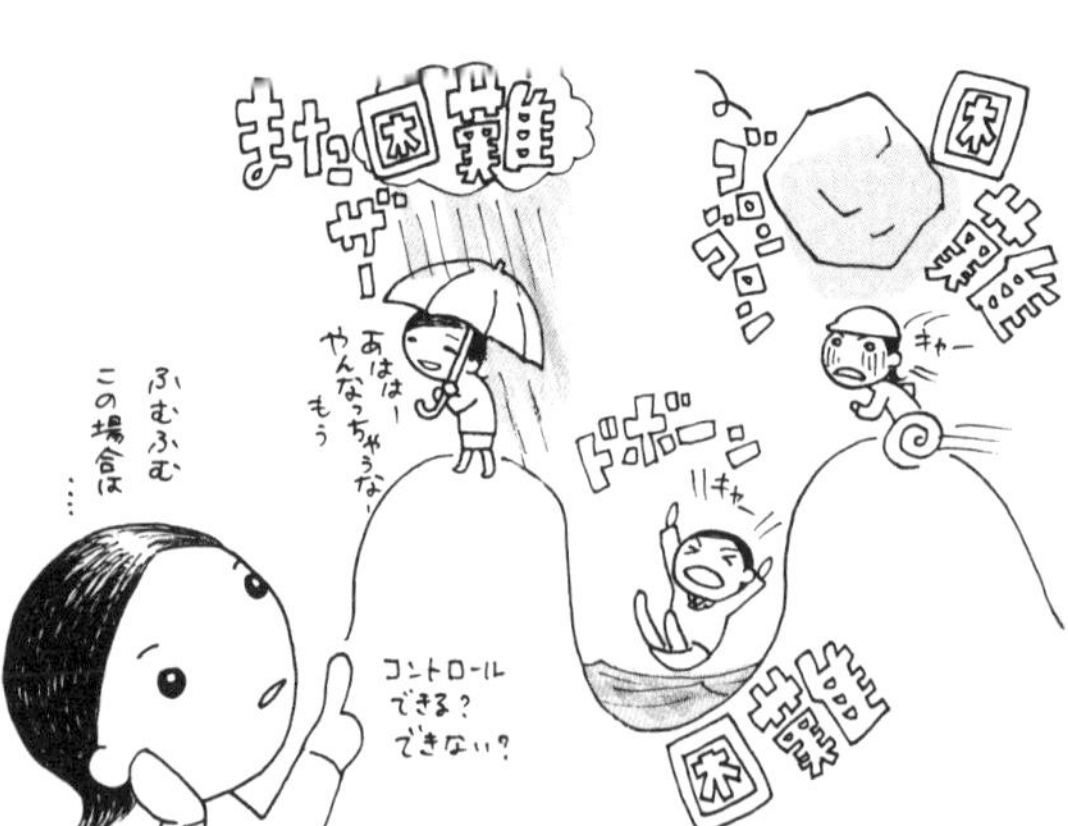

ステップ5　目標や可能性を広げる

動画をダラダラと見る、あるいは、脳を刺激したり思考を活発にしないようなおしゃべりばかりをしているような状態に戻っていませんか？　ネットフリックスを切り、ポッドキャストを立ちあげる頃合いかもしれません。もしくは、新たな学びのネットワークにつながるタイミングかもしれません。大切なのは、成長を続けることです。

ステップ6　長期の目標を立てる

やりたいことを見失っているとしたら、「レベル６　長期目標の設定」で書いた目標リストを見返して、もう一度心に留めるようにしましょう。自分自身にそれを示し、前へと進むのです。常に前進を心がけましょう。

ステップ7　変化を続ける

今年の一語や目標、そのためのステップを書き留めてからどのくらい経ちましたか？　難しすぎて立ち往生していませんか？　立ち止まるのはよいことです。四六時中進めませんから。前向きに変化を続けるためにも、成長を続けることと楽しみのバランスを考えていきましょう。

ステップ8　再び閉塞感のなかで安住しないようにする

満足のいかない、手に負えない、不安や不満だらけの人生に安住しないようにする、これは当然必要です。人生は一度きりです。それだからこそ、喜びや笑い、行動や成長で満たしたいものです。仕事には「やりがい」、人生には「生きがい」が必要です。ただ「息をしているだけ」のような人生に安住してはいけません。もっと豊かな人生を！

課題を乗り越える

「もう、教えることに飽き飽きしているのです」

本書の目標は、再び「教育愛」に目覚めさせることや、今の仕事や生活を続けるために努力しなさい、ということではありません。ここまで示してきたことは、自己理解・自己発見の道筋です。念のために言いますが、自分の仕事や教えることが嫌になっている教師の場合、子どもと触れあうこと自体がまちがった行為なのです。

社会が**求めているのは、喜んで日々の仕事を行い、教育や生徒の成長を楽しみにしながら前進できる教師です。**もし、教えることに飽き飽きしているのなら、自分が本当にしたいことは何かを見極めるときです。あなたが別の役割を求めて成長しつつあるのなら、学校の中でも外でもかまわないのです。

「私の場合、プライベートでやることがありすぎて疲れ切っています。どうすればいいですか？」

実際のところ、仕事と家庭の間に大きな壁を築くことなどは不可能です。もちろん、時にはどちらかに集中しなければならないときもあるでしょう。素敵な人生のひととき、たとえば新婚の間や赤ちゃんが生まれたばかりのときでさえも、仕事の面ではストレスや困難があるものです。同じように、新しい学校や教育委員会で新たな役割を求められるような場合でも、プライベート面では困難が生じることがあります。

本書に書かれているとおりにレベルアップしていく過程において、プライベートの生活が厳しい困難であふれ、それが理由でストレスや不安・不満を引き起こし、幸せで満たされた仕事を台無しにしてしまったと気づいたらどうなるでしょうか。

そのような場合は、プライベートの生活についても、あなたの基本的価値観や使命、強み、習慣、目標と合致するように考えてください。それができないようであれば、ほかの仕事になったとしても、人生をより幸福で満たされたものにするべく、同じように一歩を踏みだすべきかどうかについて考えるのです。

あなたの人生の責任は一〇〇パーセントあなたにあります。ですから、あなたの現在の立ち位置からはじめて、プライベートでの生活が希望しているものになっているのかどうかにまず焦点を当てましょう。本書に記したここまでのプロセスが役立つことは保証します。

実際の体験談から――ジャネール・O先生とアンジェラ・R先生（いずれも教師）の場合

時間。時間はいつでも問題です。学校のなかでは、授業計画も、成績をつけることも、協働することも、そしてEメールに返信する場合でさえ時間がありません。私たちは正規の勤務時間のあとに残業をしています。それでも時間がないのです！　だから、仕事をやり遂げるために家庭の時間を犠牲にしています。夕食後、就寝前、週末でさえも、勤務時間中にできなかったことをやっています。管理職、同僚、生徒や保護者からのEメールには可能なかぎり早く回答し、情報を提供しなくてはならないのです。そうしないと、彼らが困ってしまうのです。

私たち教師は、誰かが満足するために、常にすべてをやらなければならないというプレシャーを感じています。しかし、その代償となると計り知れません。家族の時間や自分へのケアが犠牲になってしまいます。そして、私たちがもっとも気を配るべき自分の家族に対して十分な時間がとれていないという事実が常に罪悪感としてのしかかってきます。

このようなシナリオが、教師であることのツケなのでしょうか？　しかし、時間が足りないことから来る罪悪感やストレスは、心の疲れや閉塞感へと一直線に導きます。

目標を設定し、仕事に優先順位をつける、それを真剣に行う必要があることだけは明らかです。こうした振り返りによって、自分のマインドセットを変える必要があるというのは分かります。私たちは、自分の時間をある程度コントロールできるはずですから、それを取り戻すのです。

実は、一日二四時間のうちに、一週間七日間のうちにEメールを返信するように、と言っている人など誰もいないのです。自分で思いこんでいるだけです。だから、学校の勤務時間中にEメールを読み、返信する時間をとってきました。「緊急」かどうかを検討し直し、二四時間以内に返信すべきか、それほど緊急でもないメールかを見分けてもよかったのです。

そこで、Eメールチェックをやめるための時間制限を設けました。携帯電話へのメール通知をオフにしたり、メールアプリごとフォルダにしまって、見えないようにしました。

学校での時間をより良く組み立てるために、毎日の「することリスト」もつくりました。この作業によって、行うことと所要時間の優先順位がつけやすくなりました。それに、ある仕事が途中なのに次の仕事に移ってしまい、結局のところ何も終わらないという悪しき習慣も減らせました。また、生徒が個別学習やグループ学習をしているタイミングで、ちょっとした仕事（書類作成や簡単な評価作業）ができることも分かりました。終わることのない「することリスト」の項目がどんどんチェックで消されていく様子が面白くて仕方ありませんでした。

学校での時間がうまく組み立てられたので、夜や週末の持ち帰り仕事の必要がなくなりました。持ち帰りの仕事をすべてなくせたかというと、残念ながらすべてではありませんでしたが、こうした習慣ができてからは仕事のストレスや過労といった状態は楽なものになりました。

コロナ禍でリモート授業を行っている昨今、かつての習慣に戻ってしまうのは簡単でしょう。私たちは学校や教室にいないのですから。家庭には家族がいて、別の優先順位や義務があるのです。

では、どうするのか？　基本に戻るのです。

リストをつくりましょう。家庭と学校のリストを分けておくとよいでしょう。優先順位をつけます。来週のことを前もって考えておき、来週の「することリスト」をそこに当てはめていきます（とくに、猶予のあるものは）。リストを消していく作業に達成感を味わうはずです。

きちんと、今日の仕事のやめどき、やめどころを設定します。明日も仕事なのですから。Eメールも、採点前のプリントも、授業計画も、あなたの放課後や夜のひとときを奪うことはできません。それらの時間は、あなたの家族とあなたのための時間なのです(3)。

あなた自身の、よき人生と家族の時間を第一優先にしてください。私たちは、まず個人であり、配偶者であり、親でもあるのです。ストレスや変化は人生の一部です。避けられるものではありません。しかし、そこに安住してはいけません。意図的な行動や反応をもとに、それらを扱う方法が分かってくれば恐れも和らぎ、忍び寄ってくる疑念も晴れるでしょう。そうすれば、充実した人生の道のりに戻れるはずです。

よき教師であること、そのために人生観を変えるには時間と実践が必要です。これまで当たり前にやって来たことや考えを超えて、より良い人生や目標を優先するようになれば、常に考え方が成長し、見通しがはっきりしてくると思います。そうすれば、物事があるがままに見えてくるでしょう。それは複雑なものです。

よき教師は常に働いているものだ、などという考えに陥らないでください。よき教師は「ノー」と言うこともでき、限界をきちんと設定するという考え方が選べるのです。もちろん、訪れる困

（3）翻訳協力者から、「やっと、『かぎられた時間で準備し、継続できる教科指導』をやっていこうと思えるようになりました。準備や振り返りに時間をかければ工夫できることも多いですが、それが自分の時間の犠牲につながると、頑張りたいはずの教科指導が苦痛になりますね」というコメントが届きました。エネルギーをかけたいところや、その量は自分で決められるという原点に立ち返る必要を感じます。

難はいつでも受け止める必要がありますが、コントロールできる範囲で解決を継続的に模索できる人こそが「よき教師」と言えます。(4)

(4) 翻訳協力者から、「以前の章に出てきたように『今はちょっと難しいです』と言えるようになりたいです。これまでは、できない自分を認めるようで少々情けなく感じていましたが、むしろ自分自身をより良くコントロールするための方法ですね」というコメントが届きました。

あなたの振り返り

<table>
<tr><td colspan="2">レベル８　仕事と人生、二度と情熱を失わないために</td></tr>
<tr><td rowspan="2">ワークの下準備</td><td>□優しさを示しましょう。</td></tr>
<tr><td>□セルフケアと自己満足の違いを理解しましょう。
私のなかでよくやる事柄として
セルフケア　　　　　　　　自己満足
・　　　　　　　　　　　　・
・　　　　　　　　　　　　・
・　　　　　　　　　　　　・</td></tr>
<tr><td rowspan="4">ワークの手順</td><td>□ステップ１
現在の立ち位置からはじめる。
今はどのような感じですか？</td></tr>
<tr><td>□ステップ２
教師としてのブランドを理解する。
自分のブランドはどういうものですか？
改善や変化の必要はありますか？</td></tr>
<tr><td>□ステップ３
身の周りの困難を見つめ直す。
現在、焦点を当てるべき困難は？

コントロールできる？　できない？</td></tr>
<tr><td>□ステップ４
自分の強みと習慣を育てる。
自分の強みは何でしたか？

習慣として取り入れたいことは何ですか？</td></tr>
</table>

ワークの手順	□ステップ５ 目標や可能性を広げる。 新たに掲げたい目標、チャレンジしたい事柄は？ スケジュールに組みこみましたか？
	□ステップ６ 長期の目標を立てる。 １年後、３年後、５年後を見据えて、どのような目標が必要ですか？「SMART」を意識していますか？
	□ステップ７ 変化を続ける。 目標を受けて、そのためにどのような段階を設定しましたか？ 振り返りの機会は設けていますか？
	□ ステップ８ 再び閉塞感のなかに安住しないようにする。 どこかに「安住」してしまっていることはありませんか？

おわりに――あなたは、できる、価値ある存在

変化の第一歩は、自分のことを「できる、価値のある存在」だと信じることです。自分自身、自分の価値観、自分の目的に対する信念があれば、人生におけるプライベートと仕事の両面に訪れる困難や危機は切り抜けられるでしょう。

たしかに、「あの先生」と同僚になることや、「あの生徒」を受け持つことを選んではいなかったでしょう。また、現在あなたが教師として抱えている苦難も選んでいないはずです。もちろん、常に行ったり来たりする教育政策を選んだわけでもないでしょう。

ですから、あなたが変えようと思えば変えられる事柄だけをコントロールしましょう。自分の能力を信じること、幸福で喜びにあふれた人生を生きること、何でもよいのです。傷ついたときでも笑っているようにとか、苦しみに対しても平気でいようということではありません。私が言いたいのは、傷つき苦しんでいる自分を認める弱さと勇気をもち、そこから再び歩きだすことです。

本書で示した八つのレベルのワークを繰り返し行いましょう。自分を大事に考え、困難や危機

に目を向ける必要のあるときは、いつでもやってみてください。誰かが意図的にあなたを苦しめるようなときも、自分の状況が心地よくない、ベストではないと感じたときも、八つのレベルに照らして、そのときの立ち位置からはじめるのです。

困難な状況が不満や不安をかき立てるようになったのがいつなのか、と考えてみましょう。基本的価値観と、あなたの大事な人たちのことを思い出しましょう。自分を中心に据え、何よりもまずそこに戻りさえすれば、次に進む適切なステップが踏めます。それが、「元気な教師」そのものと言えるでしょう。

前進すること。問題解決に集中すること。自分が「できる、価値ある存在である」と信じること。困難のなかにあって、あなたの変えうる現実のみをコントロールすること。すべて、あなた次第です。

困難を感じるたびに、ここまで示したプロセスを行うようになると、今度はほかの誰かがもがき、孤立している状態に気づくかもしれません。そう、あなたのように。あなたがかつてそうだったように、同じように闘っている教師を見かけることがあるでしょう。今度は、あなたがカウンセリングをして、自らが変化を遂げた話をしてあげるのです。

その人たちは、話を聞き、質問をしてくるかもしれませんし、そうでないかもしれません。彼らの人生は彼らのものであり、あなたの人生はあなたのものなのです。ですが、自分のやり方を見せることできっかけを与え、サポートをしていきましょう。

あなたやほかの誰かが困難な状況になったとき、その改善計画を示すことを選択したならば、あなたはすでに教えることに対して、そして人生に対して「燃えている」状態だと言えるでしょう。ここまでのやり方をもとにしてあなたは自信をもち、それによって自分がコントロールできる範囲で、解決できる価値ある存在だと確信していると思います。それは、ほかの人についても同じなのです。

これが、孤立した状態から力が実感できる状態まで進む方法です。仕事も、人生も、幸福で充実した状態になるために、あなたのやる気や元気がどんどん大きくなっていくことでしょう。

元気いっぱいで、人生を歩もうではありませんか！

前進すること。問題解決に集中すること。自分が「できる、価値ある存在である」と信じること。困難のなかにあって、あなたの変えうる現実のみをコントロールすること。すべて、あなた次第です。

エピローグ

（このエピローグはプロローグの結末です。つまり、ヴァル先生のストーリーの結末になりますが、本書のどの部分とかかわりがあるのかが分かると思います。）

ヴァル先生は、教えることを諦めようとしていました。しかし、コロナ禍の最中、自分の閉塞状況を改善しようと決意しました。そして、自らの気持ちを理解していきました。

学年末の夏休み、ヴァル先生は次年度がどうなるか分かりませんでした。しかし、何かをしなくてはいけないと思っていました。それは、人生を変えること。ヴァル先生はそれをはじめたのです。ヴァル先生は、「元気な教師」になれる八つのレベルのワークに取り組みました。

ヴァル先生は、自分の基本的価値観は「家族」と「受容」であると設定しました。夏休みに大切なのは子どもと夫であると考え、彼らとの時間を確保するために家庭と仕事との間に区切りを設けることにしました。一日のうちで、友達や親戚、同僚と電話やSNS、Zoomでのやり取りといった時間を決めました。一日の大部分、携帯電話は寝室で充電状態にして、その間、子どもと遊ぶか、夫婦で家を片づけ、より使いやすい快適な状況にしようと考えました。夫ジェフのために、キッチンテーブルに書類の束を積むといったことはなくなりました。台所に、洗っていない皿の山を築くこともありません。おもちゃとサイズが合わなくなった衣服を押しこんでいた「なんでも部屋」は、今や夫婦の静かなホームオフィスとなっています。

ヴァル先生は管理職と親しい同僚にメールを送り、自分のことを表す一語は何かと尋ねました。もっとも多かったのは、「親切で、辛抱強い」でした。ヴァル先生はそのことにとても驚きました。一方、「ストレス」と「疲れ」という言葉も出てきましたが、たしかにそのとおりでした。

そこで、日々のスケジュールを調整して、これまでよりも休みがとれるようにして、「よき母」や「よき教師」ならやって当然と思いこんでいた事柄をやめにしました。かつて一日中やっていたメールチェックは一日二回とし、朝二〇分、夜二〇分だけとしました。携帯電話への通知はすべて切り、メールも携帯電話に届かないように設定して、別の端末へと移動させました。

また、自分が受け持っていた委員会や五つの部活動のうち三つをやめ、スケジュールに空きができた分は、価値があると思える事柄に集中するようになりました。スケジュールに関して、ヴァル先生は非常に忠実になりました。時折訪れる緊急の出来事を除き、不測の事柄や要求に脅かされることがなくなりました。

ヴァル先生と夫は、毎週、自分たちの間にあるストレスについて話し合う時間を設けました。また、子どもたちとも家のお手伝いについて話し合いました。とくに週末は、翌週のスタートに向けて準備をします。もちろん、夏休みの間でも同じです。家族の会話がルーティーンとなり、新たな習慣となったのです。

最終的に、ヴァル先生は自分が一人の人間であること、そして生徒の成功体験を背負っているのはほんの一部分でしかないと知りました。彼女は今なお親切で、辛抱強いのですが、背負い切れないほどのものを担うことはもはやありません。その結果、昨年度の終わりには二八人中二〇人の生徒とつながれました。本当は全員を望んでいたようですが、十分なチャレンジができなかったことについては反省しています。

彼女は、次年度に自分が好まない、同意できない、やりたくない、そういった困難に遭遇することも受け入れています。しかし、この夏に八つのレベルを一つずつ上がってきたので、やって来る困難に対してもうまく対処するだけの習慣が身についています。彼女は、自分のことならコントロールできるという信念のもと、自信をつけているのです。目標もありますし、自分がそこにたどり着けるようにと考えているのです。

彼女は、一度きりの人生において、自分の幸せを願うこと以外には執着しないようになりました。[(1)] そして、人生にとても感謝しています。自分の基本的価値観と成長や変容の可能性を信じること、そこに初めて気づいたのです。

(1) ここまで読み終えた翻訳協力者から、「かつては自分もすべてを一〇〇パーセントの結果を出そうとしてしまいがちでした。きっと、ずっと続けていたら心も体も疲れ果ててしまったことでしょう。立場は違いますが、『自分の幸せを願うこと以外には執着しない』という言葉にグッと来ました。今後の自分の軸にしたいと思います」というコメントが届きました。読者のみなさんにも、心に残る言葉があればうれしいです。

訳者あとがき

あなた自身の、そしてあなたの職場の「働き方改革」は進んでいますか？　最近では、教職員の働き方を示す言葉として、「定額働かせ放題」や「やりがい搾取」などといった表現が流布されるようになりました。また、新型コロナウイルスの流行に伴い、教師の仕事が増えたことも大きく取り上げられています。さらに、中学校の土曜日、日曜日の部活動を地域に移行するという斬新な計画もはじまっています。こうした背景があって、どこの学校でも、いわゆる「働き方改革」を推進しようという動きが強まっています。

しかし、本当に「働き方改革」は進んでいるのでしょうか？　ただ早く帰ることだけをよしとしているのではないでしょうか？　本来は、それぞれの生活（人生）にゆとりをもち、有益な時間の使い方をすることが目的だったはずなのに、早く帰ることのみが目的になっているようにも感じます。本書は、そういう人にこそおすすめしたい本です。早く帰れるようになったからこそ、時間の使い方を考える必要があります。本書では、仕事と成長が両立できるようなあり方を目指しています。

現在置かれている環境に安住せず、成長を求めてチャレンジをしていくあなたの姿、それこそがあなたの目の前にいる生徒にとって一番のお手本になると思います。ぜひ、本書を読んで、書きこみなどをしていただくとともに、自分自身を振り返ってください。改めて時間の使い方を考えれば、きっと素晴らしい成果が現れるはずです。

また、原書がターゲットとしている読者、つまり仕事がうまく進まず、いつも長時間労働になっている人にもおすすめです。どうすれば学校での仕事をうまくやり繰りしていけるのか、具体的な方法が満載となっています。本書を読み終えたあなたなら、早速、手帳を準備するところからはじめるのではないでしょうか。

そして、学校での仕事量が減らず、人から割り振られる仕事が多すぎて困っている人にもおすすめです。本書では「ノー」と言うことの難しさについても書かれていましたが、日本では、まさしくその傾向が強いように思われます。あなたも自分の人生を大事にして、上手に断ること、時間をかける必要がないと思われる仕事はやめるようにしてください。

このように、日本で働くすべての教師に向けて、働き方のヒントが段階を追って、具体的に書かれているのが本書です。言ってみれば、働き方改革ではなく「生き方改革」だと思います。本書を翻訳して、そんな思いを強く抱きました。ちなみに、タイトルやサブタイトルは原書とは異なる表現としました。

本書が多くの方の手にわたり、ご自身の生き方を少しでも変えるきっかけとなり、生き生きとした教師が増えれば、きっと日本全体がもっとよくなるはずです。その日を夢見て、本書の翻訳を仕上げました。読後、本書の内容に賛同してくださる人がたくさん登場すれば幸いです。そして、最後まで読んでくださり、ありがとうございました。

最後になりますが、翻訳を作成する段階で、長﨑政浩さん、大関健道さん、久能潤一さん、鈴木咲子さんには、示唆に富むコメントを多数ちょうだいしました。本書がよい形になるよう、尽力していただきましたこと、心から感謝申し上げます。また、株式会社新評論の武市一幸さんには、こうした教育書の価値を認めていただき、出版に至るまで多大なるご協力をいただきました。改めて感謝申し上げます。

そして今回は、読者にとって少しでも親しみやすい本になるようにと、妻飯村奈津子からイラストを提供してもらいました。夫婦で一冊の本にかかわれたことも、私の人生においてとても大きな意味がある出来事となりました。妻にも、改めて感謝を伝えたいです。

二〇二二年　八月

訳者を代表して　飯村寧史

訳者紹介（あいうえお順）

飯村寧史（いいむら・やすし）

仙台市公立中学校主幹教諭。「学ぶ楽しさ」の価値を、生徒にも大人にも伝えることが大きなテーマ。共訳者の吉田氏とともに海外の書籍を読むようになり、それを広く伝えることがライフワークになりつつあります。

吉田新一郎（よしだ・しんいちろう）

シリーズ「元気な先生と学校」の企画を新評論に出したのは22年前のことでした（８割方はすでに出版されています）。本書は当時の企画には含まれていませんでしたが、『好奇心のパワー』などと共にシリーズの中核を担う本です。生徒たちを元気にするために、もっと先生たちに元気になってほしいです（特に、163ページのエキササイズは定期的にやってください）。問い合わせは、pro.workshop@gmail.comにお願いします。

教師の生き方、今こそチェック！

――あなたが変われば学校が変わる――

2022年９月30日　初版第１刷発行

訳　者　飯村寧史
　　　　吉田新一郎

発行者　武市一幸

発行所　株式会社　新評論

〒169-0051
東京都新宿区西早稲田３-16-28
http://www.shinhyoron.co.jp

電話　03(3202)7391
FAX　03(3202)5832
振替・00160-1-113487

落丁・乱丁はお取り替えします。
定価はカバーに表示してあります。

印　刷　フォレスト
装　丁　山田英春
イラスト　飯村奈津子
製　本　中永製本所

Printed in Japan
ISBN978-4-7948-1219-3